Band IV der Reihe Meisterwerke Berliner Baukunst
Herausgegeben von der
Stiftung Denkmalschutz Berlin

Helmut Engel

DAS HAUS DES DEUTSCHEN KAISERS

Das „Alte Palais“ Unter den Linden in Berlin

Verlagshaus Braun

Inhalt

Das Leben im Palais Unter den Linden

„Vormittags gegen elf Uhr – so berichtete der dänische Journalist Georg Brandes unter dem 2. Januar 1878 aus Berlin für skandinavische Zeitungen – steht oft eine ganz kleine Gruppe von Menschen am Denkmal Friedrichs des Großen Unter den Linden und starrt auf das letzte Fenster im Parterre des niedrigen und schönen Eckhauses gegenüber. Hinter dem Fenster sieht man steif und stolz einen stattlichen alten Herrn in Uniform stehen, und darunter ist unfehlbar ein Polizeibeamter postiert, der nach allen Seiten Ausschau hält. Der alte Herr ist Kaiser Wilhelm. Trotz seines hohen Alters ist er noch bei recht kräftiger Gesundheit, gibt stehend seine Vormittagsaudienz und nimmt sich eifrig der Sachen an, die ihm zur Beschlußfassung vorgelegt werden.“[1]

Die Straße Unter den Linden vor dem Palais des Kaisers.

Das regelmäßige Erscheinen des deutschen Kaisers an diesem „historischen Eckfenster“ um elf Uhr vormittags war nicht zufällig. Wilhelm I. pflegte von diesem Standort aus regelmäßig das tägliche Aufziehen

Das Denkmal Friedrichs II. Unter den Linden vor dem Hauptportal des Palais. Die neugierige Menge erwartet den Kaiser am Fenster.

Der Kaiser zeigt sich am Fenster seines Arbeitszimmers der vor dem Haus wartenden Menge. Das Bild ist die im Baedeker angeführte „bekannte Photographie“.

der Wache an der schräg gegenüberliegenden Neuen Wache Schinkels, der „Königswache“, zu beobachten. Es ist überliefert, dass der Kaiser einmal eine Besprechung mit der Bemerkung unterbrochen habe: „Die Wache kommt, da muß ich ans Fenster! Die Leute warten auf meinen Gruß – so stehts im Baedeker!“[2] Allerdings machte der Baedeker von 1880 nur eine indirekte Andeutung zu dieser kaiserlichen Gepflogenheit: „Die Parterre-Zimmer nach dem Opernhaus zu bewohnt der Kaiser; eine aufgezogene Fahne deutet seine Anwesenheit im Palais an; von dem Eckfenster existiert eine bekannte Photographie.“[3]

Die Anwesenheit des deutschen Kaisers in seinem Berliner Palais war nicht nur im Jahresrhythmus, sondern bis in den Tagesablauf hinein streng reglementiert. Lediglich während des Winters hielten sich Wilhelm und Kaiserin Augusta durchgehend in ihrem Haus Unter den Linden auf. Der Kaiser be-

Den täglich stattfindenden Aufzug der Wache verfolgt Wilhelm I. vom Fenster des Arbeitszimmers. Unter dem Fenster jubeln die Untertanen ihrem Monarchen zu.

wohnte seit seinen Tagen als Prinz des königlichen Hauses die Räume des Erdgeschosses links vom Eingang, die Kaiserin die darüber liegenden Zimmer des Obergeschosses. Die Anwesenheit des Kaiserpaares in der Hauptstadt beschränkte sich auf die Monate zwischen den Herbstübungen und den Frühjahrsbesichtigungen der Truppen – vor allem der Berliner Garnison. Im Frühjahr und im frühen Sommer hielt man sich in der Sommerresidenz Babelsberg vor den Toren von Potsdam auf, anschließend zur Kur in den Bädern Ems, Gastein und Baden-Baden sowie bei der badischen Verwandtschaft auf der Insel Mainau. Im Rahmen der repräsentativen Funktion des Kaisers brachte das Jahr eine Abfolge sich wiederholender Verpflichtungen und Festlichkeiten. Neben kleineren Bällen während der Wintersaison gab es einmal im Jahr einen großen Ball mit etwa siebenhundert Personen. Festlich begangen wurden ebenso der Geburtstag des Kaisers am 22. März sowie weitere Familienfeiern. Auch der Wochenver-

Hofrat Louis Schneider im Arbeitszimmer des Kaisers beim morgendlichen Vortrag über die Berichterstattung der Presse. Der Schreibtisch steht in der Ecke des Raumes mit Fenstern zum Opernplatz (rechts) und Unter den Linden (links).

lauf des Kaiserpaares war streng reglementiert. In aller Regel speiste das Kaiserpaar sonntags gemeinsam mit den in Berlin anwesenden Prinzen und Prinzessinnen im Balkonzimmer. Allwöchentlich wiederholten sich die „Donnerstagsabende“ – geladen waren angesehene Mitglieder der Berliner Gesellschaft und des Hofes.

Ein allabendliches Ritual war der auf einen sehr kleinen Kreis beschränkte Teeabend der Kaiserin in einem wegen seiner Kleinheit „Bonbonnière“ oder „Teebüchse“ genannten Salon der Kaiserin im Obergeschoss. Die gesellschaftlichen Gepflogenheiten des Kaiserpaares unterschieden sich damit kaum von denjenigen der durch Herkunft oder Vermögen herausgehobenen Berliner Bürgerschaft und des

Adels. Der Tagesablauf des Kaisers war nicht weniger reglementiert als der Zyklus der Veranstaltungen in seinem Palais während der Wintersaison. Sein erster Gang galt frühmorgens kurz nach sieben Uhr dem Adlerpult in seinem Arbeitszimmer, dem „historischen Eckzimmer", auf dem der „Tageskalender mit Notizen aller Ereignisse aus des Kaisers Leben, von seiner Jugend an, auslag".[4] Danach folgten das erste Frühstück am Schreibtisch, verbunden mit dem Öffnen und Lesen der eingegangenen Post und den Verfügungen über ihre weitere behördliche Erledigung, anschließend kamen der Empfang des „Vorlesers", des Hofrates Louis Schneider – Schneider gab einen Überblick über die Presseberichterstattungen –, und des Leibarztes. Darauf wurden die Schreibarbeiten fortgesetzt, während gleichzeitig die Hofmarschälle zu Fragen der Hofhaltung vorsprachen und sich um neun Uhr der Adjutant vom Dienst meldete. Diese ersten Vormittagsstunden wurden mit einem zweiten Frühstück abgeschlossen, das Wilhelm stehend im benachbarten Bibliothekszimmer einnahm. Ab 10 Uhr folgten im weiteren Ablauf des Vormittags dann die Vorträge des Reichskanzlers, der Chefs der Behörden, der beiden Kabinette des Kaisers sowie Audienzen.

Der vormittägliche Geschäftsablauf des Kaisers war somit zum einen gekennzeichnet durch die Rapporte des Reichskanzlers und der Staatssekretäre der Reichsämter sowie die Berichte und Zuarbeiten seiner beiden Kabinette, des Zivil- und des Militärkabinetts. Zum anderen prägten die Regelungen der persönlichen Hofhaltung und Audienzen seinen Tagesablauf.

Wilhelm war nach der Reichsverfassung als König von Preußen zwar lediglich „hoher Verbündeter" seiner fürstlichen Mitregenten, doch „als Symbol der nationalen Einheit über seine eigentliche verfassungsrechtliche Rolle weit hinausgreifend, erschien der Kaiser nach außen durchaus als Reichsmo-

Porträtskizze des preußischen Ministerpräsidenten Otto von Bismarck aus dem Jahre 1865 von Adolph Menzel.

narch".[5] Die Bezeichnung „Kaiser" führte Wilhelm somit nur als Inhaber der Bundespräsidialbefugnisse. Er war nach der Verfassung also Reichsorgan, nicht „Reichsmonarch". Wilhelm gab diesem Amt jedoch immer stärker eine im hergebrachten Sinn monarchische Funktion.[6] Der Kaiser konnte jedoch nie in der Form eines „krypto-absolutistischen" Regimentes regieren. Nach der Reichsverfassung bedurften seine Anordnungen der Gegenzeichnung durch den Reichskanzler, der damit auch die politische Verantwortung übernahm. Seit 1878 konnten die Staatssekretäre der Reichsämter im Falle einer Verhinderung des Reichskanzlers bis hin zu Gründen, die in einem „großen Umfang der Geschäftslast"[7] lagen, die Gegenzeichnungen ausüben. Der Reichskanzler erschien somit nicht jeden Tag bei seinem Herrscher.

Der Kaiser verfügte auf der Grundlage der Reichsverfassung über eine Reihe von Zuständigkeiten. Diese reichten von der Ernennung und Entlassung des Reichskanzlers über die Entscheidung über die Richtlinien der Politik im Einvernehmen mit dem Reichskanzler, die Ausfertigung und Verkündung der Reichsgesetze bis hin zu den Entscheidungen über Krieg und Frieden. Im Rahmen dieser verfassungsrechtlich vorgegebenen Zuständigkeiten wurde somit bis 1888 im Palais Unter den Linden, wenn auch nicht politisch, so doch de iure das Deutsche Reich regiert.

In der Tradition seiner preußischen Geschäftsführung verfügte der Kaiser mit Zivil- und Militärkabinett über zwei ihm zuarbeitende eigene Büros. Im Rang eines Geheimen Kabinettsrates war bis 1888 Karl von Wilmowski Chef des Zivilkabinetts und trug dreimal wöchentlich dem Kaiser vor. Mit täglichem Vortrag stellte sich Oberst Emil von Albedyll als Chef des Militärkabinetts und gleichzeitig vortragender Generaladjutant ein. Der ritualisierte Tagesablauf wurde in Variatonen mehrfach überliefert. Am 11. Mai 1871 empfing der Kaiser „nachmittags den

Der Kaiser lehnt mit offenem Generalsrock am Schreibtisch, während sein Reichskanzler in aufrechter Haltung vorträgt.

Besuch des Herzog von Braunschweig, sowie den Minister des Innern Grafen zu Eulenburg zum Vortrage und den Reichskanzler Fürsten Bismarck nach seiner Rückkehr von Frankfurt a. M. zu einer längeren Unterredung."[8] Am folgenden Tag „conferirte [der Kaiser] mit dem Ministerpräsidenten Fürsten Bismarck".[9] Zum 13. Mai 1871 wurde folgender Tagesablauf veröffentlicht: „Se. Maj. der Kaiser und König, vom Unwohlsein fast völlig wieder herge-

Selbst im Winter blieb Wilhelm I. seiner Gewohnheit – einer täglichen Spazierfahrt – treu wie im Jahr 1875. Im Hintergrund ist das Brandenburger Tor am Rande des Tiergartens zu erkennen.

stellt, arbeitete [das heißt am Vormittag] zuerst allein, empfing hierauf den von Petersburg hierher zurückgekehrten russischen Militair-Bevollmächtigten General Graf Kutusow, sowie den Besuch Sr. H. des Herzogs von Braunschweig, hatte demnächst eine längere Unterredung mit Sr. K. K. H. dem Kronprinz, nahm Mittags die Vorträge der Hofmarschälle Grafen Pückler und Perponcher, des Militär- und Civil-Cabinets, des Geh. Hofrathes Borck entgegen, ertheilte Audienz und präsidirte sodann einem Kriegsrath, zu welchem der Reichskanzler Fürst Bismarck, der Kriegsminister v. Roon, der Chef des Generalstabes der Armee Graf v. Moltke, die Generale v. Podbielski, v. Tresckow und der Chef für die persönlichen Angelegenheiten im Kriegsministerium, Oberst v. Albedyll, befohlen waren. Um 5 Uhr speisten die Majestäten allein."[10]

Auch an seinem Geburtstag hielt Wilhelm seinen Tagesablauf ein. Die Berlinische Zeitung berichtete 1871: „Gestern Vormittag ertheilte Se. Maj. der Kaiser und König zunächst Audienz, hielt darauf eine Militair-Conferenz ab, zu welcher der Chef des

Generalstabes der Armee Graf Moltke, die Generale von Podbielski, von Tresckow, der Oberst von Albedyll u. s. w. gehörten, nahm dann die Vorträge der Hofmarschälle Grafen Pückler und Perponcher, des Militair-Cabinets, des Geh. Hofrathes Borch etc. entgegen, machte nach einer Besprechung mit dem Reichskanzler Fürsten v. Bismarck-Schönhausen eine Ausfahrt, besuchte Fürstliche Gäste, begab sich um 4 Uhr in's Schloß."

Im Balkonzimmer des Palais gratulieren die Enkelkinder zusammen mit Kronprinz Friedrich Wilhelm und Kronprinzessin Victoria dem Kaiser zum Geburtstag. Neben dem Kaiser steht Kaiserin Augusta.

Am frühen Nachmittag unternahm der Kaiser im offenen Kutschwagen eine Fahrt zumeist in den Tiergarten. Um 16 Uhr speiste das Kaiserpaar allein ohne Gäste zu Mittag, danach besuchte man ein Theater und nach Schluss der Vorstellung folgte der Teeabend mit höchstens sechs geladenen Gästen in der „Bonbonnière". Gegen 23 Uhr verließen Kaiser und Kaiserin die Gesellschaften, der Kaiser zur Fortsetzung der Tagesarbeit im Arbeitszimmer und schließlich zur Nachtruhe in seinem, neben der Bibliothek gelegenen, schmalen Schlafraum mit nur einem Fenster zum Hof.[11]

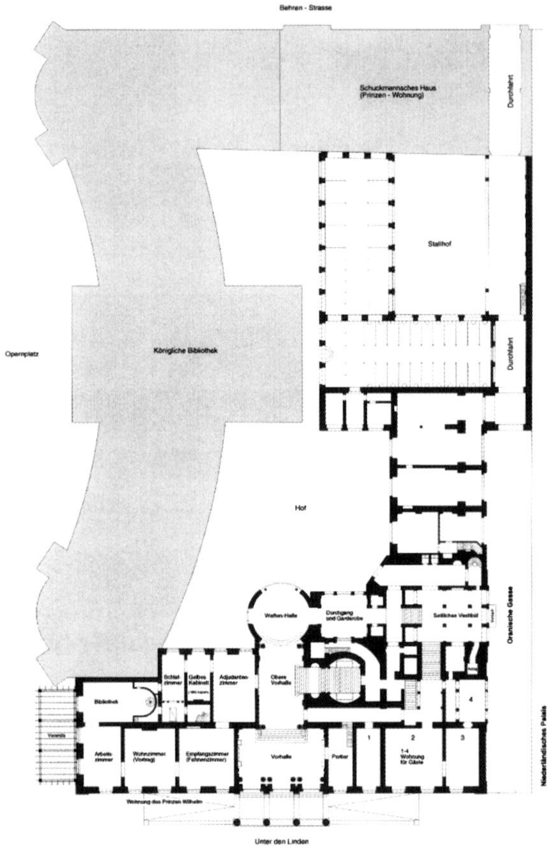

Behren - Strasse
Schuckmannsches Haus
(Prinzen - Wohnung)
Durchfahrt
Stallhof
Durchfahrt
Opernplatz
Königliche Bibliothek
Hof
Waffen-Halle
Durchgang
und Garderobe
Seitliches Vestibül
Oranische Gasse
Schlafzimmer
Gelbes Kabinett
Adjudantenzimmer
Obere Vorhalle
Bibliothek
4
Veranda
Arbeitszimmer
Wohnzimmer (Vortrag)
Empfangszimmer (Fahnenzimmer)
Vorhalle
Portier
1
2
3
1-4
Wohnung
für Gäste
Niederländisches Palais
Wohnung des Prinzen Wilhelm
Unter den Linden

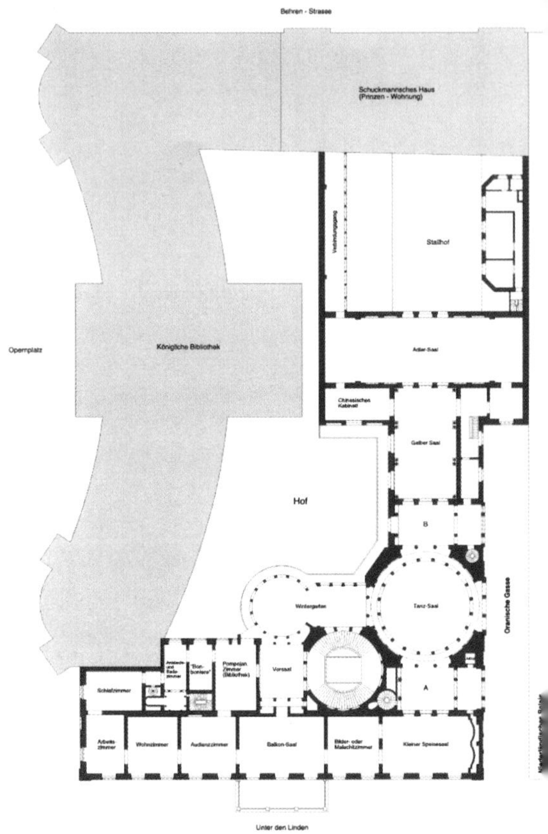

Behren - Strasse
Schuckmannsches Haus
(Prinzen - Wohnung)
Verbindungsgang
Stallhof
Opernplatz
Königliche Bibliothek
Adler-Saal
Chinesischen Kabinett
Gelber Saal
Hof
B
Wintergarten
Tanz-Saal
Oranische Gasse
"Bonbonière"
Pompejan. Zimmer (Bibliothek)
Vorsaal
Schlafzimmer
A
Arbeitszimmer
Wohnzimmer
Audienzzimmer
Balkon-Saal
Bilder- oder Malachitzimmer
Kleiner Speisesaal
Unter den Linden

Die Raumfolgen

Das bis zur Behrenstraße durchgehende Anwesen verfügte insgesamt über drei Ein- und Ausgänge: Offizieller Eingang war der Haupteingang Unter den Linden. Ein weiterer Zugang befand sich in der Gasse zwischen dem kaiserlichen und dem jenseits der Gasse benachbarten Niederländischen Palais, und wurde – da nicht einsehbar – als Vorfahrt der Kutschen benutzt. Außerdem gab es eine Einfahrt im Gebäude an der Behrenstraße für die hier im Erdgeschoss um den Stallhof angeordneten Stallungen und Wagenremisen. Von dieser Einfahrt und dem anschließenden Stallhof aus konnte man in gerader Linie in die Gasse am Niederländischen Palais und weiter bis Unter die Linden fahren.

Die Grundrisse von Erdgeschoss (links) und Obergeschoss (rechts) zeigen die Aufteilung des Palais in einen entlang der Straße Unter den Linden angeordneten Baukörper und einen sich entlang der Gasse zum Niederländischen Palais erstreckenden Flügelbau, auf den zur Behrenstraße der Stallhof folgte.

Von den Linden her betrat man über eine doppelläufige Rampe im Palais eine erste Vorhalle und gelangte über mehrere Stufen in gerader Führung weiter in eine flurähnliche „obere" Vorhalle und von dort wiederum, über Stufen absteigend, in einen kleinen runden Raum. Die erst in späteren Jahren so benannte Waffenhalle diente mit ihren Sitzmöglichkeiten entlang der Wand auch als Wartebereich. Von der mit historischen Waffen vor allem des 16. Jahrhunderts ausgestatteten Halle zweigte im rechten Winkel der durch mehrere Räumlichkeiten führende Weg zum zweiten Eingang Richtung Niederländisches Palais ab. Ursprünglich dürfte die Waffenhalle der Gartensaal des Hauses gewesen sein, denn von ihm aus konnte man über eine „Freitreppe" in den kleinen „Efeugarten" gelangen. Als „Arsenal" und damit wohl als Aufstellungsort der Sammlung des Prinzen bezeichnete Georg Gropius 1838 den Richtung Gasse anschließenden Raum.

Das „untere Vestibül" betrat man direkt von der Rampe des Haupteinganges und ging über die Treppenstufen weiter in das „obere Vestibül". Von diesem wiederum konnten linkerhand im Erdgeschoss die Räume des Kaisers erreicht werden, während sich auf der rechten Seite das kreisrunde Treppenhaus anschloss.

Die „obere Vorhalle" bildete ihrerseits das Gelenkstück, über das man die im Obergeschoss gelegenen

Der Rotunde des Wintergartens gegenüber befand sich der kreisrunde Tanzsaal, in den ebenso wie beim Wintergarten Licht durch eine Kuppel von oben einfiel.

Der Hauptraum des Wintergartens bestand aus einer gläsernen Rotunde, in die vom Tanzsaal aus ein gerader Gang führte.

Der Adlersaal war der Saal für große Gesellschaften und Empfänge, gelegentlich auch für Theateraufführungen. Er bildete Abschluss und Höhepunkt der Gesellschaftsräume, die an der Straße Unter den Linden mit dem Kleinen Speisesaal begannen.

Das Chinesische Zimmer hatte seine Bezeichnung erhalten, weil hier Gegenstände des chinesischen Kunsthandwerks ausgestellt waren.Von seiner Funktion her war es ein dem Adlersaal zugeordnetes Kabinett.

Das an der Straße Unter den Linden in der Mittelachse des Palais gelegene Balkonzimmer gehörte bereits zu den Gesellschaftsräumen, diente vornehmlich aber auch den Diners der kaiserlichen Familie. Vom Balkonzimmer aus betrat man den Balkon oberhalb des Haupteinganges.

Festräume erreichen konnte. Diese in einer Art Seitenflügel entlang der Gasse zum Niederländischen Palais angeordneten Zimmer mit Wintergarten, Tanzsaal, „Gelber Galerie" und Adlersaal mitsamt den ihnen zugeordneten kleinen Salons sowie dem chinesischen Zimmer stellten eine zusammenhängende Raumfolge dar. Vom Treppenhaus betrat man oben auch über ein Vorzimmer die entlang der Lindenfassade angeordnete Flucht von Balkonzimmer, Malachitzimmer und dem an der Ecke zur Gasse angeordneten Kleinen Speisesaal, von dem aus ein ungehinderter Durchblick durch die Tiefe der Festräume bis hin zum Adlersaal bestand.

Das Balkonzimmer war ein kleiner, nicht nur der sonntäglichen Tafel im Familienkreis vorbehaltener Festsaal. Im Speisesaal fanden die offiziellen Diners mit Gästen statt. Der Kaffee nach dem Essen wurde in dem zwischen Balkonzimmer und Kleinem Speisesaal gelegenen Malachitzimmer gereicht, wobei dieser ursprünglich als kleine Gemäldegalerie geplant gewesen sein dürfte. Vom Balkonzimmer zum Kleinen Speisesaal erfolgte in Abhängigkeit von der Größe der Räume eine architektonische Steigerung, denn im Speisesaal war gegenüber Balkon- und Malachitzimmer die Deckenhöhe deutlich wahrnehmbar angehoben worden. Der Adlersaal als der Hauptsaal

Ursprünglich sollte das Malachitzimmer so etwas wie eine bescheidene Gemäldegalerie werden; es erhielt seinen Namen dann aber durch die Gegenstände aus Malachit, die hier aufbewahrt wurden.

Der Kleine Speisesaal ließ sich auf verschiedene Weise mit einer langen oder runden Tafel ausstatten. Fester Bestandteil waren dagegen die in zwei Nischen der schmalen Stirnwand angeordneten Prunkbuffets, auf denen Silbergeschirre ausgestellt waren. Durch die drei Bogenöffnungen hindurch betrat man die Folge der Festräume bis hin zum Adlersaal.

des Palais diente als großer Speisesaal und gelegentlich auch zu Theateraufführungen sowie für große Veranstaltungen wie die jährliche Vorstellung der in die Armee eintretenden Kadetten. Im Tanzsaal dagegen fanden gesellschaftliche Ereignisse wie die „Donnerstage" statt. Von den gesellschaftlichen Räumen deutlich getrennt waren die privaten Zimmer von Kai-

Das Fahnenzimmer – mit der Tür zum anschließenden Vortragszimmer – wurde ursprünglich durch die in der Ecke des Raumes aufgestellten Fahnen beherrscht. Daneben hatte die Statue einer Viktoria Platz gefunden, ein Geschenk Augustas. Zum Zeitpunkt der Aufnahme 1890 waren die Fahnen bereits in den Sternensaal des Schlosses überführt worden.

Das von zwei Fenstern belichtete Adjutantenzimmer war der notwendige Durchgang für die Besucher des Kaisers. Die Tür im Hintergrund führte in das Fahnenzimmer, die links angeschnittene Tür in das „obere Vestibül". Die Möblierung bestand aus einer in der Mitte des Raumes aufgestellten Sitzbank und einem fahrbaren Ständer mit eingerollten Karten.

Rechts: Das Vortragszimmer mit Blick durch die Tür in das Arbeitszimmer des Kaisers wurde bestimmt durch den in der Zimmermitte platzierten Tisch, an dem Besprechungen und Konferenzen mit den Vertretern der Behörden abgehalten wurden. Nur mit dem Reichskanzler fanden Besprechungen im anschließenden Arbeitszimmer des Kaisers statt. In allen Räumen hingen die Bilder bis unter die Decke und stauten sich Statuetten und Geschenke.

Der Schreibtisch des Kaisers war im Arbeitszimmer so am Fenster zur Straße Unter den Linden aufgestellt, dass das Tageslicht von links auf die Platte fiel. An den Schreibtisch herangeschoben waren rollbare Beistelltische, die ebenso wie der Schreibtisch mit Bildern und Statuetten vollgestellt waren. Beim Arbeiten blickte der Kaiser auf die Bilder seiner Eltern, der Ehefrau und der Kinder, ebenso aber auch auf die Büsten Friedrich Wilhelms III. und Friedrichs II.

ser und Kaiserin, die sie bereits mit der Fertigstellung ihres Hauses im Jahre 1837 bezogen hatten.

Aus der „oberen Vorhalle" erreichte man im Erdgeschoss die Wohn- und Arbeitsräume des Kaisers: Aus dem in der rückwärtigen Haushälfte in Höhe der „oberen Vorhalle" gelegenen Adjutantenzimmer als dem ersten Vorzimmer betrat man das an den Linden liegende Fahnenzimmer, in dem die Fahnen der Garde-Regimenter aufbewahrt wurden. Der Rang des Kaisers als oberster Kriegsherr sollte mit den Fahnen als Hoheitszeichen augenscheinlich allen Besuchern vor Augen geführt werden, noch bevor sie dem Kaiser selbst gegenüberstanden. Vom Fahnenzimmer aus ging es in einer Flucht in das Vor-

Ganz offensichtlich umgab sich Wilhelm keineswegs nur mit Bildern seiner Vorgänger oder der Familie, sondern erfreute sich einer dicht gehängten Bilderfolge holder Weiblichkeit, fast einer Art Schönheitsgalerie aus dem vorangegangenen Jahrhundert. Neben dem Schreibtischstuhl gab es noch einen bequemeren Sessel, auf dem sich jedoch zumeist ebenfalls Bücher, Akten und Pläne häuften.

tragszimmer und weiter in das in der Gebäudeecke zum Opernplatz gelegene Arbeitszimmer Wilhelms. Dieses war verbunden mit einer schmalen Bibliothek. Sie lag auf der Rückseite des Hauses und stieß an die Brandwand der benachbarten königlichen Bibliothek, der so genannten Kommode, an. Auf die Bibliothek folgten entlang der Hoffront das einfenstrige Schlafzimmer Wilhelms und anschließend ein kleines Kabinett. Aus diesem Kabinett konnte man in das Adjutantenzimmer gelangen. Aus der Bibliothek betrat man die weinblattumrankte Pergola vor der Schmalseite des Palais, ferner bildete eine Wendeltreppe in der Bibliothek die Verbindung zu den Privaträumen der Kaiserin im Obergeschoss.

Die neben dem Arbeitszimmer gelegene Bibliothek war in der Mitte des Raumes mit Kartenschränken und sonstigem Mobiliar so vollgestellt, dass nur knappe Gänge entlang der Bücherschränke übrig blieben. Über sie war auch die eiserne Wendeltreppe zu den Räumen der Kaiserin im Obergeschoss im Hintergrund der Bibliothek zu erreichen.

Das spartanisch eingerichtete Schlafzimmer Wilhelms wurde durch das eiserne Feldbett beherrscht, das in einer Art Alkoven stand.

Räume mit öffentlicher Funktion waren in der Raumflucht des Kaisers das Fahnenzimmer und das neben diesem liegende Vortragszimmer. „Im Fahnenzimmer empfing Seine hochselige Majestät militärische Meldungen und an seinem Geburtstage, sowie beim Jahreswechsel, die Glückwünsche Seiner Commandirenden Generale. ... Auch Deputationen aller Art wurden in diesem Zimmer empfangen“[12] – so am 27. Februar 1867, dem fünfzigsten Jahrestag des Gefechts von Bar sur Aube oder am 1. Juni 1867, dem sechzigjährigen Dienstjubiläum des Königs. Auf das Fahnenzimmer folgte das Vortragszimmer, „in welchem Seine hochselige Majestät alle Berathun-

gen mit dem Staatsministerium abhielt und den Chef des Generalstabes der Armee, den Kriegsminister, sowie die Chefs des Zivil- und Militär-Kabinets zum Vortrage empfing. Alle wichtigen Staatsakte sind in diesem Zimmer vollzogen worden, auch die Mobilmachungs-Ordres sind hier unterzeichnet."[13] Unter solchen Staatsakten zeichnete sich besonders die Ansprache des Prinzregenten an das Staatsministerium bei der Übernahme seiner Regentschaft 1858 mit der Ankündigung der „Neuen Ära" aus. Die erste Sitzung des von Wilhelm berufenen Ministeriums fand am 8. November 1858 statt.

Ansprache des Prinzregenten Wilhelm an das neu gebildete Ministerium am 8. November 1858.

Empfang einer Deputation Alexanders II. am 27. Februar 1864 aus Anlass des 50. Jahrestages des Gefechtes von Bar-sur-Aube.

Die privaten Räume der Kaiserin im Obergeschoss waren ähnlich denen Wilhelms organisiert, doch erhielten sie durch das über der unteren Vorhalle gelegene Balkonzimmer, das anschließende so genannte Malachitzimmer und den zum Niederländischen Palais gelegenen Kleinen Speisesaal eine Erweiterung.

Das wegen seiner Wandbemalung so genannte Pompejanische Zimmer bildete den Auftakt für die Raumfolge der von der Kaiserin bewohnten Räume im Obergeschoss. Der Raum war als Wartezimmer mit verschiedenen Sitzgelegenheiten ausgestattet.

Vorhergehende Seiten:
Das Wohnzimmer der Kaiserin lag – wie der Blick durch die offenen Türen belegt – in der Flucht der Räume entlang der Straße Unter den Linden; es diente auch als Musikzimmer, verfügte andererseits mit dem Sofa-Arrangement über eine eher zurückgezogene Sitzecke.

Diese Räume gehörten im Zeitverständnis traditionell zum Wirkungskreis der „Dame des Hauses", in denen die Kaiserin unsichtbar Regie führte. Auf der Rückseite des Hauses waren es vom Vestibül aus ein Vorzimmer, dann das Pompejanische Zimmer, das Vorlesezimmer und schließlich mit einem Fenster zum Opernplatz das Schlafzimmer. Unter den Linden lagen das Audienzzimmer, das Wohnzimmer und das Arbeitszimmer. Der von der Gasse am Niederländischen Palais ebenfalls erreichbare Keller nahm die Küchen sowie alle zur Versorgung des Haushaltes notwendigen Nebenräume auf. Hier untergebracht waren außerdem die Öfen für die Luftheizung, mit der alle Räume des Palais temperiert werden konnten. Über enge Treppen standen die Küchen mit dem Kleinen Speisesaal, den Vorbereitungsräumen am Adlersaal und dem Gelben Salon in Verbindung. Das Personal brauchte damit nicht die Wege der Besucher des Hauses zu kreuzen. Der in der Mittelachse der königlichen Bibliothek gelegene Quer-

flügel mit dem Adlersaal als oberstem Stockwerk nahm in einem Zwischengeschoss Räume für die Dienerschaft und für die Versorgung des prinzlichen Haushaltes auf. Unter dem Zwischengeschoss befanden sich auf Hofebene die Wagenremise und der für 54 Pferde ausgelegte Stall. Das die Behrenstraße begrenzende Gebäude diente bereits der Unterkunft des prinzlichen Hofstaates.

Das sich in der Raumfolge anschließende Audienzzimmer der Kaiserin bildete dagegen einen festlichen Rahmen; entlang der Wände standen Sofas, die Raummitte blieb frei von Mobiliar. Der Bedeutung des Raumes entsprechend schmückten Herrscherbilder die Wände. Die geöffnete Flügeltür gestattete den Einblick in das Wohnzimmer Augustas.

Die Nutzung der Raumfolgen

Im Tanzsaal, den man vom kreisrunden Treppenhaus erst über die entlang den Linden gelegenen Gesellschaftsräume erreichte, gab es außer den Tanzfesten auch musikalische Veranstaltungen, bei denen der Flügel in der Mitte des Saales stand, während die Zuhörer an Tischen vor den Säulen saßen.[14] Auftakt des Abends war unverzichtbar das Defilée. „Beim Hereingehen defilierte man am Tisch der Kaiserin vorbei, die jeden begrüßte und manchen anredete. Man nahm an kleinen Tischen Platz, an denen die Gesellschaft möglichst abwechslungsreich verteilt wurde. ... Der Kaiser, der bei dieser Gelegenheit gern den roten Waffenrock der Gardes du Corps trug, hatte keinen festen Platz, sondern setzte sich auf einen kleinen goldenen Stuhl, den er persönlich mitschleppte. Es war streng verpönt, ihm dabei zu helfen. In den Pausen zwischen dem Essen trugen die besten Künstler der Oper, wie Frau Artôt de Padilla, Albert Niemann und andere vor. Gegen Mitternacht zogen sich die Majestäten mit einer großen Verbeugung zurück, und die Gesellschaft ging auseinander.“[15]

Am 18. November 1887 stattete der russische Zar auf einer Rückreise mittags um 12 Uhr Wilhelm I. einen Gegenbesuch ab, nachdem der Kaiser den Zaren Stunden zuvor in der Russischen Botschaft Unter den Linden besucht hatte. Die Begrüßung durch Wilhelm fand im Tanzsaal statt.

Unter Vortritt des Kaisers in der Uniform seines russischen Regiments Kaluga und seiner Tischdame, der Kaiserin Maria Feodorowna, wurde beim Staatsbesuch des Zaren das Diner vom Tanzsaal aus eröffnet.

Wie Anton von Werner in der flüchtigen Skizze einer „Donnerstags-Soirée" im runden Tanzsaal festhielt, machte Wilhelm I. trotz seines hohen Alters den an den Gesangsvorstellungen mitwirkenden Damen tatsächlich artige Komplimente.

Die „Donnerstags-Soiréen" fanden in aller Regel im Balkonzimmer statt[16], konnten aber auch auf den Tanzsaal ausgedehnt werden. „Auch der berühmten Donnerstage bei der Kaiserin Augusta" – so Anton von Werner über den „Donnerstag" am 8. April 1886 – „sei hier gedacht, zu denen eingeladen zu werden als eine ganz besondere Auszeichnung galt. ... Am Flügel im ovalen Saale [das heißt dem Tanzsaal] des königlichen Palais saß Oberkapellmeister Taubert, rings herum an runden Tischen hatten die Eingeladenen, etwa zweihundert Personen des engeren Kreises, unter ihnen der greise Feldmarschall Moltke, Platz genommen. Die musikalische Unterhaltung begann mit einem Solo und Chor ‚Die Liebe' von Rossini, von den Sängerinnen Frau Artôt de Padilla und den Fräulein Beeth, Keisinger, Renard, Hofmann und von Ghilany vorgetragen. Die Luciaphantasie von Liszt, Lieder von Verdi, Lacombe, Cimarosa, auch ein von dem österreichisch-ungarischen Botschafter Graf v. Széchény komponiertes Duett ‚Frühling' folgten, und zum Schluß das Wanderlied aus der Cantate ‚Der Landsknecht' von Taubert, in dem alle an diesem Abend anwesenden Künstler mitwirkten; außer den oben genannten Damen die Herren Ernst, Kalisch, Schmidt, Padilla und Krolop. Es war – ganz abgesehen von dem hohen musikalischen Genuß – ein entzückender Anblick, den die um den Flügel

Die als „hoffähig" geltenden Gelehrten und Künstler wurden in das Palais Unter den Linden geladen. Sie erschienen – wie hier 1878 Virchow und Helmholtz im Gespräch mit dem Kronprinzen – auf den Hofbällen im Weißen Saal des Schlosses.

gruppierten, ganz in Weiß gekleideten schönen Erscheinungen der Sängerinnen boten, wenn der greise Kaiser mit freundlichen Worten in seiner ritterlichen Weise sich mit Komplimenten und Fragen an sie wandte. ... Nach dem Konzert wurde an runden Tischen soupiert; ich saß an diesem Abend mit den Herren Graf A. zu Eulenburg, Freiherrn v. Romberg und den Professoren Curtius und C. Werder zusammen. Nach aufgehobener Tafel ging der Kaiser im Saale herum, plaudernd und besonders den Damen Liebenswürdigkeiten sagend."[17] Die runde Grundform des Tanzsaales mag von zeitgenössischen Tänzen bestimmt worden sein. „Wenn beim Tanzen die Zahl der Paare gar zu groß war, wurde die gelbe Galerie, die sonst nur zur Konversation diente, ebenfalls zum Tanzen in Anspruch genommen."[18]

Der in das Palais zu den Donnerstags-Soiréen eingeladene Kreis blieb lange Zeit konstant. In den ersten Jahren der kaiserlichen Ehe waren es Fürst Hermann Pückler-Muskau, die verschiedenen Mitglieder der Familie Radziwill, die Herzogin Dorothea von Sagan, Graf Pourtalès, General Graf von der Goltz, Gelehrte und Dichter wie Alexander von Humboldt, Friedrich von Raumer, Emanuel Geibel, Berthold Auerbach, der Kunstsammler Professor Waagen, Franz Liszt, Henriette Sonntag – um nur einige bekannte Namen herauszugreifen, die sich wie das Who is Who der deutschen Geistesgeschichte lesen. Später kamen Max Duncker, Theodor Mommsen, Leopold von Ranke hinzu, der einstmalige Erzieher des Kronprinzen, Ernst Curtius, sowie Hermann Grimm, Ernst von Bergmann, Rudolf Virchow, Hermann Ludwig Ferdinand Helmholtz, Johannes Theodor Rudolf Kögel, die Sängerin Desirée Artôt, aus der Hofgesellschaft die Generaladjutanten des Kaisers und deren Frauen, wie Graf Lehndorf, Fürst Anton Radziwill, der Generalintendant Botho von Hülsen, Generalarzt von Lauer, General von Bayer und andere. Außer Tee wurden an diesen Abenden regelmäßig belegte Brötchen, Eis und Mandarinen

Zu den Gästen aus der Berliner Gesellschaft, die mehr oder weniger regelmäßig in das Palais Unter den Linden eingeladen wurden, zählten auch Persönlichkeiten wie Hermann Fürst von Pückler-Muskau, Alexander von Humboldt und Leopold von Ranke.

Zu den frühen Gästen des Prinzen Wilhelm gehörte die gefeierte Sängerin Henriette Sonntag, die 1825–1827 in Berlin konzertierte, aber auch später mit der Berliner Gesellschaft weiterhin in Verbindung stand.

gereicht. Vom Balkon aus zeigte sich der Kaiser der Bevölkerung wie am 17. März 1871 nach seiner Rückkehr aus dem Felde.[19] „Das versammelte Publikum stimmte die Nationalhymne an und ließ so lange seine Hochs ertönen, bis der Kaiser zuerst allein, dann mit Seiner Gemahlin auf dem Balkon des Palais erschien und nach allen Seiten hin sich grüßend verbeugte."[20] Vom Balkon aus waren Siegesnachrichten für die vor dem Haus ausharrende Menschenmenge verlesen worden. Andererseits war es für die Persönlichkeit des Königs bezeichnend, dass er, nachdem am 19. Juli 1870 der französische Botschaftssekretär Bismarck die offizielle Kriegserklärung übergeben und sich Wilhelm seinen Untertanen gezeigt hatte, zusammen mit dem Kronprinzen das Mausoleum in Charlottenburg besuchte, „wo wir längere Zeit und recht beklommenen Herzens am Sarge der Großeltern beteten" – so der Kronprinz in seinem Tagebuch.

Das kleine Teezimmer der Kaiserin, die so genannte Bonbonnière, war tatsächlich nur ein zum Efeugarten ausgerichteter, sehr schmaler Raum mit entlang der Längswände aufgestellten Sitzgelegenheiten. Ihn betraten die Gäste der Teegesellschaften wohl vom Pompejanischen Zimmer aus.

Auf dem Balkon erschien das Herrscherpaar auch zu familiären Anlässen, wie dem der Goldenen Hochzeit am 11. Juni 1879 oder öffentlichen Ereignissen, wie der Enthüllung der Humboldt-Denkmäler vor dem Ehrenhof der Universität. „Am 28. Mai 1883 war ich [das heißt Marie von Bunsen] bei der Enthüllung der Humboldtdenkmäler vor der Universität zugegen. Großer akademischer Pomp, auf dem Balkon seines gegenüberliegenden Palais stand der alte Kaiser. Als die Reden vorüber waren, die Hüllen der Statuen gefallen, hörten wir plötzlich lautes Hurrageschrei. Der Kaiser, von den Prinzen gefolgt, erschien auf seiner Rampe, ging rüstig über den Platz, begrüßte Wilhelm von Humboldts Tochter, die greise Gabriele von Bülow, und küßte ihr die Hand. Eine vollkommene Überraschung, ein, wie mein Tagebuch schildert, unbeschreiblicher Jubel. Dann besichtigte er die Denkmäler, sprach mit den Professoren und schritt unter enthusiastischen Rufen wieder zurück.“[21]

Die beiden Attentate auf den Kaiser, am 11. Mai 1878 und am 2. Juni 1878, ereigneten sich auf offener Straße Unter den Linden während der Ausfahrten des Kaisers. Beim ersten Mal schoss der Klempnergeselle Hödel, ohne den Kaiser oder seine neben ihm sitzende Tochter, die Großherzogin von Baden, zu treffen. Beim zweiten Anschlag verwundete Dr. Karl Eduard Nobiling den Kaiser tatsächlich schwer.

Während Wilhelm I. am 9. März 1888 morgens in seinem Palais starb, versammelte sich vor seinem Haus bei regnerischem Wetter schweigend eine unübersehbare Menschenmenge. Polizisten hielten die Fahrstraße frei. Trotzdem wurde der Maler Anton von Werner, der den Kaiser auf dem Sterbebett malen sollte, über die Behrenstraße in das Palais geholt. Die kaiserliche Standarte an der Vorderkante des Gesimses über dem Hauptportal ist bereits auf Halbmast gesetzt. Die Darstellung muss den Vormittag des 9. März zeigen.

Königin Augusta und die Prinzessinnen verfolgten vom Balkon selbst unter den winterlichen Bedingungen des 18. Januar 1861 die Weihe der Fahnen und Standarten der neu gebildeten Regimenter. „Aus Anlaß der Anwesenheit Sr. K. H. des Prinzen v. Oranien fand um 5 Uhr im Kaiserl. Palais große Tafel statt. Mit dem Fürstlichen Gaste, den beiden Adjutanten und den zum Ehrendienst befohlenen Militairs erscheinen I. K. H. der Kronprinz, der Prinz und die Prinzessin Karl, Se. H. der Prinz Wilhelm von Baden, Se. D. der Erbprinz von Schaumburg-Lippe nebst Adjutant Hauptmann Franke, Se. D. der Fürst Salm Dyk, und außerdem waren geladen der niederländische Gesandte Graf v. Bylandt nebst Gemahlin und der Legations-Secretair Postel, der Kriegsminister v. Roon, der Hausminister v. Schleinitz, der Oberst-Kämmerer Graf Redern, der Staats-Secretair v. Thile etc."[22] Die Anzahl der Gäste lässt vermuten, dass die „große Tafel" wohl in einem der Festsäle stattgefunden hat. Aus Anlass des Besuches des Prinzen von Oranien fand ebenso „nach dem Schluß der Vorstellung im Opernhause eine größere Gesellschaft" statt.[23]

Die Vossische Zeitung schilderte, wie Anton von Werner den gerade verstorbenen Monarchen auf dem Totenbett skizzierte. Am Fuß des Bettes die Familie, kniend Prinz Wilhelm, wie den letzten Worten des Großvaters lauschend, am Kopfende der Leibarzt des Kaisers mit der Uhr in der Hand, um die genaue Todeszeit zu bestimmen.

Das wegen seiner geringen Größe „Bonbonnière" – oder „Teebüchse" – genannte Kabinett gehörte zu den Privaträumen der Kaiserin im Obergeschoss und lag über dem kleinen (gelben) Kabinett des Kaisers. „Abends gingen die Majestäten ins Theater, das damals schon sehr früh begann, und kehrten gegen neun Uhr zurück. Um diese Zeit versammelten sich dem Kaiserpaar nahestehende Herren, niemals über sechs, in der sogenannten Bonbonnière. Mitglieder des Gefolges befanden sich unter ihnen nicht. Am häufigsten wurde befohlen der General Freiherr Walter von Loe, ..., der frühere Staatssekretär des Auswertigen Amtes von Thile, ..., der Ministerialdi-

rektor a. D. von Gruner, der General v. d. Goltz, ..., die Generale von Strubberg und von Beyer, Gelehrte wie Curtius, Lepsius, Helmholtz, Emil Fischer und A. W. Hoffmann, der frühere Hausminister Graf Schleinitz und Graf Wilhelm Pourtalès, ... Während des Zusammenseins wurde eine allgemeine Konversation geführt, bei der jede politische Anspielung und jede abfällige Äußerung über andere Personen verpönt war. ... Gegen elf pflegte ein Lakai ... die Kaiserin in ihrem Rollstuhl hinauszuführen. Der Kaiser verabschiedete sich von jedem einzelnen, wobei es vorkam, daß er den einen oder anderen noch zurückhielt, um ihm eine kurze Mitteilung zu machen."[24]

Ein bedeutender Ort war das Schlafzimmer Wilhelms. Hierher war er im Jahre 1878 nach den beiden Unter den Linden auf ihn verübten Attentaten gebracht worden. Der zweite Anschlag war am 2. Juni 1878 verübt worden. „Die beiden Aerzte [die vor Ort zufällig das Attentat miterlebt hatten und daraufhin so schnell wie möglich zum Palais gelaufen waren] fanden den [in seiner Kutsche zurückgefahrenen] Kaiser im Schlafzimmer; sie entkleideten denselben höchst sorgfältig und sahen, daß Se. Majestät namentlich an der linken Seite des Kopfes stark blutete."[25] Zu den nur kurz vorgelassenen Besuchern nach dem Attentat gehörte auch der Reichskanzler: „Der Reichskanzler Fürst Bismarck, welcher gestern Vormittag nur wenige Minuten im königlichen Palais verweilte, fuhr Nachmittags 4 1/2 Uhr abermals zum Palais und stattete daselbst dem Kaiser einen fast einstündigen Besuch am Krankenlager ab."[26] Trotz der Verwundung war der Kaiser also am folgenden Tag bereits wieder zu einem längeren Gespräch in der Lage.

Zehn Jahre später verstarb Wilhelm I. am 9. März 1888 morgens um 8 Uhr 30 im Alter von fast einundneunzig Jahren in seinem Schlafzimmer. Kurz zuvor hatte man nach Anton von Werner geschickt, der nur noch über die Behrenstraße in das Haus gelangen

Der Weg, den der Leichenzug des toten Kaisers vom Dom zum Charlottenburger Mausoleum durch das Brandenburger Tor am 16. März 1888 nahm, war mit einer Trauerdekoration ausgeschmückt. Um den Sockel des Denkmals Friedrichs II. hatten die Vertreter der studentischen Korporationen Aufstellung genommen und ihre mit Trauerfloren versehenen Fahnen zu Boden gesenkt.

konnte, denn „das Palais war von einer nach Tausenden zählenden lautlosen Menge umlagert". Anton von Werner sollte den toten Kaiser auf dem Sterbebett im Bild festhalten. „Der trübe regnerische Morgen ließ wenig Licht in das schmale tiefe Sterbezimmer des Kaisers, das nur ein nach dem Hofe gehendes Fenster hat. Im hinteren Teil des Zimmers, der durch einen grünen Vorhang abgetrennt und dessen Wände mit dunkelgrünem Stoff bezogen waren, stand das eiserne Feldbett des Kaisers. Das kühle graue Morgenlicht beleuchtete das Antlitz des Entschlafenen gerade von vorn, während eine auf dem Tischchen dicht neben dem Bett stehende Moderateurlampe ein mildes warmes Licht von rechts darüber ergoß. Der Oberkörper befand sich, durch Kissen gestützt, in aufrechter sitzender Stellung, der Kopf etwas auf die Brust geneigt. ... Ich setzte mich in die Ecke, nahe der Lampe und zeichnete den Kaiser bei dem matten Licht der Lampe..."[27]

Am 12. März nachts um ein Uhr wurde der schwarz verhängte Sarg mit den sterblichen Überresten des Monarchen bei wildem Schneetreiben von Bediensteten des Hofstaates auf die Rampe des Palais getragen. Dort wurde er von Gardeunteroffizieren übernommen und mit einem Geleit von 400 Fackelträgern durch das Spalier der Truppen der Berliner Garnison in den Dom überführt, um bis zur Beisetzung im Charlottenburger Mausoleum am 16. März 1888 „zur Parade" aufgebahrt zu werden. Das Denkmal Friedrichs des Großen bildete den Auftakt für die Trauerdekoration entlang der Straße Unter den Linden. Den Fuß des Denkmals umgaben mit den auf den Boden gesenkten Fahnen ihrer Korporationen die Vertreter der Studentenschaft.

Zwei Jahre später verschied am 7. Januar 1890 auch Kaiserin Augusta im Palais, sie wurde im Balkonzimmer aufgebahrt. Bereits vor dem Tod der Kaiserin hatte das Palais mit dem Ableben des Herrschers gewissermaßen die Symbole seiner hoheitlichen

Gewalt eingebüßt: Wilhelm II., der neue Kaiser, hatte am 27. Januar 1889 die Fahnen der Garde-Regimenter aus dem Fahnenzimmer seines Großvaters abgeholt, um sie in den Sternsaal des Schlosses zu überführen – anders als Wilhelm I. wohnte Wilhelm II. wieder im Stadtschloss und damit war der Rang der Residenz dem Schloss zugefallen. Den Ort markierte auf Veranlassung Augustas fortan ein Banner aus weißer Seide mit der Inschrift: „Hier standen Preußens siegreiche Fahnen".

Die Fahnen hatten das Palais nur in Kriegen und zu Paraden verlassen, „um dann wieder in den Gewahrsam des Obersten Kriegsherrn zurückgebracht zu werden."[28]

Vor dem Palais

Das kaiserliche Palais war nicht nur täglicher Anziehungspunkt für das breite Publikum, das den Kaiser zu Gesicht bekommen wollte, sondern der Platz zwischen Friedrichsdenkmal und Haupteingang diente ebenso als Schauplatz für den protokollgerechten Empfang des Hausherrn bei hohen Anlässen.

Bei seiner Rückkehr von der Kur, die Wilhelm I. zu seiner endgültigen Gesundung nach dem zweiten auf ihn verübten Attentat gemacht hatte, durchfuhr der Kaiser vom Potsdamer Bahnhof aus nicht nur eine festlich ausgeschmückte via triumphalis, sondern vor dem Palais spielte sich ein eingeübter Empfang mit militärischem Zeremoniell ab: „Die Wagen ... bogen" – wie in der Ersten Beilage der Vossischen Zeitung am 5. Dezember 1878 berichtet wurde – „vor dem Denkmal Friedrichs des Großen an einer Chaine von Hunderten von Offizieren, die dort Aufstellung genommen hatten, vorbei auf die Rampe des königlichen Palais. In demselben Augenblick wurde die kaiserliche Standarte auf dem Palais gehißt und die unter dem Hauptmann von Bärenhorst vom 2. Garde-Regiment zu Fuß mit der Fahne und Regimentsmusik und der Front nach dem kaiserlichen Palais aufgestellte Ehrenwache präsentirte das Gewehr. Nachdem die Majestäten den Wagen verlassen hatten, begab sich der Kaiser mit den königlichen Prinzen, dem Herzog von Connaught und einer glänzenden Suite an den linken Flügel, nahm die Parade ab und begab sich dann in das Palais, woselbst er von den obersten Hofchargen, die sich bereits um 11 Uhr dort versammelt hatten, begrüßt wurde. Die begeisterten Jubelrufe des Volkes veranlaßten den Kaiser, mehrmals an das Fenster zu treten, von wo aus er auch den Parademarsch der Ehrenwache abnahm."

Unmittelbar an das Palais des Kaisers anschließend öffnete sich der Straßenraum Unter den Linden in den Platz des Forum Fridericianum, den die bedeutenden Bauten aus der Regierungszeit Friedrichs II. prägen – das ehemalige Palais des Prinzen Heinrich, jetzt Universität, die Oper, die Hedwigskathedrale und die Königliche Bibliothek. Den Übergang zwischen Straße und Forum kennzeichnet auch das Denkmal Friedrichs des Großen, das gleichzeitig vom Palais zum Gebäude der Akademie auf der anderen Straßenseite überleitete.

Zum Schauplatz einer bewussten Demonstration über die Ziele seiner eigenen Regierung wurde bereits wenige Tage nach dem Tod seines königlichen Bruders das Denkmal Friedrichs II., an dem am 18. Januar 1861 in einem Feldgottesdienst die Weihe der Fahnen für die im Zuge der Heeresreform neu gebildeten Regimenter vollzogen wurde. Während der Hofprediger am Altar den Segen spendete, senkten sich die in einem offenen Viereck angetretenen Fahnen. Nach dem Ende des Weiheaktes nahm Wilhelm I. den Vorbeimarsch der Fahnen stehend vor dem Vorhof der Universität ab. Die zuvor im Schloss genagelten 142 Fahnen wurden vorläufig in das Zeughaus, die Fahnen der Garde in das Palais des Königs verbracht.

Das Vorfeld des Palais war zum ersten Mal Staatsschauplatz geworden, als Wilhelm I. am 18. Januar 1861, nur wenige Tage nach dem Tod seines Bruders, hier unter dem Denkmal Friedrich II. die Weihe der Fahnen der neu gebildeten Regimenter des königlichen Heeres vollziehen ließ. Dieses Schauspiel war ein erstes öffentlich politisches Bekenntnis des Monarchen. Bewusst stellte er sich damit in eine Traditionslinie mit seinem berühmten Vorfahr und knüpfte an die Bildaussage des Denkmals an mit ihrem Schutzwall von Helden als einer „wahren Landesfeste".

Am 4. September 1839 wurde an den Bildhauer Christian Daniel Rauch[29] der königliche Auftrag für das Denkmal vor dem Palais des Prinzen Wilhelm vergeben. Damit wurde nach einer bis in das Ende des 18. Jahrhunderts zurückreichenden Vorgeschichte auch der endgültige Standort des Denkmals bestimmt. Die Bedeutung des Denkmals, das genau in der Achse des Palais auf dem Mittelstreifen Unter den Linden platziert wurde, musste notwendigerweise auch auf das Palais übergreifen, vor dessen Haustür es stand. Es war nach dem Denkmal des Großen Kurfürsten auf der Langen Brücke das zweite Staatsdenkmal. „Dargestellt wie er [das heißt Friedrich II.] im Leben durch seine Hauptstadt ritt"[30], der Sockel umringt wie „eine wahre Landesfeste mit ihrem Walle von Helden und Männern ausgezeichneten Geistes".[31] Das Denkmal führte seinen Betrachtern die für einen Monarchen verpflichtenden Herrschertugenden Stärke, Gerechtigkeit, Weisheit und Mäßigung vor Augen. Es offenbarte nicht nur in den „Helden und Männern ausgezeichneten Geistes" die Spannweite zwischen Kriegstüchtigkeit und Friedenskunst, sondern versinnbildlichte selbst noch in den unscheinbaren Reliefs auf den Seiten der vier Voluten, mit denen der Aufbau des Denkmals beginnt, Heldentod und Friedensgenius und brachte damit zum Ausdruck,

Das Denkmal Friedrich II. mit Blick auf das Alte Palais

„daß alles Hohe, Edle und Gute in jeder Richtung gepflegt werden muß, damit des Kampfes eigentlicher Preis nicht verloren gehe“.[32]

Während der Enthüllung am 31. Mai 1851, bei der sich der Festzug mit dem Bildhauer Christian Daniel Rauch an der Spitze von der Schlossbrücke her dem noch verhüllten Denkmal näherte, war der Prinz von Preußen wohl nicht zufällig „der erste Befehlshaber bei der ganzen Festlichkeit“. „Beim Nahen des Festzuges trat Ihre Majestät die Königin, umgeben von den Prinzessinnen des Königlichen Hauses, ... , auf den Balkon des Palastes Seiner königlichen Hoheit des Prinzen von Preussen. Sie wurde jubelnd begrüßt von der umgebenden Menge.“[33] Die Ansprache des Ministerpräsidenten Freiherrn von Manteuffel vor der Enthüllung gipfelte in der Aussage, der „altpreussische Sinn“ könne zum Wohl des Vaterlandes und zum Glück seiner Bürger nur gedeihen, „wenn, wie zu Friedrichs II. Zeit, Fürst und Volk treulich zusammenstehen, stolz, dem Gesetze zu gehorchen; wenn sie in Zucht und Ordnung mit ausdauerndem Fleiße und weiser Sparsamkeit vorwärtsstreben.“[34]

Sein eigenes Palais hatte der Prinz schließlich mit einem ähnlichen Fries von allegorischen Figuren und dem Großen Preußischen Staatswappen gekennzeichnet und ihm damit eine vergleichbare Aussage gegeben.

Die Bildaussage des Hauses

Waren die Regimentsfahnen die Hoheitszeichen des Kaisers in seiner Funktion des obersten Kriegsherren, so sollten auch die in der Vorhalle und in den Zimmern präsentierten Bilder und Plastiken sein Verständnis vom Herrscheramt zum Ausdruck bringen. Er berief sich, was in dieser Form erst nach der Thronbesteigung 1861 möglich geworden war, auf die ruhmreiche Vergangenheit des Hauses Hohenzollern, in dessen direkter Nachfolge er sich sah. Der Große Kurfürst und Friedrich der Große waren ihm Garanten seiner eigenen Herrschaft. Mit diesem Legitimitätsdenken führte Wilhelm I. eine Tradition fort, die ein bereits durch Verfassung und Landtag geregeltes Staatsleben einfach nicht zur Kenntnis nehmen wollte.

Kaiserin Augusta stand ihm dabei in nichts nach. In der Vorhalle hingen auf ihre Anordnung hin Ahnenbilder der Hohenzollern. In der „oberen Vorhalle" hatte Augusta über der Tür des Adjutantenzimmers anlässlich der Rückkehr des Kaisers aus dem deutsch-französischen Krieg am 17. März 1871 die Bildnisse des Großen Kurfürsten und Friedrichs des Großen anbringen lassen. „Die größten Monarchen der Vergangenheit", so war laut Überlieferung der Gedanke der Kaiserin, „sollten hier den größten Monarchen der Gegenwart bei seinem Eintritt begrüßen."[35] In den Räumen des Kaisers setzte sich dieser Legitimitätsbezug in kleinen Standbildern des Großen Kurfürsten und Friedrichs II. ebenso fort wie im Adjutantenzimmer, dem Vorzimmer für Besucher, die zum Kaiser vorgelassen werden wollten. Dort „künden historische Gemälde preußische Geschichte, und die Bronzestatuen des Großen Kurfürsten wie Friedrichs des Großen erinnern an ihren Ruhm, gleichwie die vielen Modelle preußischer Militärs der verschiedensten Zeiten."[36]

Nach einem ersten geraden, langen Treppenlauf kam man aus dem dunklen „oberen Vestibül" auf ein Zwischenpodest, von dem aus das runde Treppenhaus zu übersehen war. Damit traten auch die Bildwerke in vollem Licht in Erscheinung. Die beiden oberen Treppenläufe führten in den Vorsaal, von dem aus der Wintergarten, das Pompejanische Zimmer und der Balkonsaal zu erreichen waren. Das über die Glaskuppel einfallende Licht muss die Wirkung des Treppenhauses besonders geprägt haben. Kaum zu übersehen war bei seiner Ausstattung mit Bildwerken die Wiederkehr bestimmter Zeichen: Der Genius, der den Adler tränkt, begegnete bereits in spiegelbildlicher Anordnung im Fries. Der Lorbeerkranz wiederholt sich als Gehänge um die Konsole unterhalb der Herrscherbüste, auf der der Adler steht. In der Figurengruppe auf dem Zwischenpodest hält der Genius den Kranz als Zeichen des Sieges über den Kopf des Adlers, zu dessen Füßen als Zeichen des überstandenen Kampfes Helm und Schwert liegen. Der Adler war also nicht einfach nur Dekoration.

Im Arbeitszimmer des Kaisers hingen neben den Bildnissen der Eltern, der Ehefrau und der Kinder auch Portraits weiblicher Schönheiten.

Auch im Fahnenzimmer standen kleinere Statuen des Großen Kurfürsten und Friedrichs des Großen sowie Friedrich Wilhelms III., der im Zeitverständnis mit den siegreichen Freiheitskriegen ein Werk begonnen hatte, das mit den Einigungskriegen der jüngsten Vergangenheit konsequent vollendet worden war. Die im Fahnenzimmer ebenfalls aufgestellte Figur einer Viktoria war das Geschenk der Kaiserin nach dem Ende des deutsch-französischen Krieges.

Erst mit dem Vortragszimmer (oder Ministerzimmer) im Anschluss an das Fahnenzimmer häuften sich ausgestellte Geschenke und Bilder der königlichen Familienmitglieder sowie Gemälde mit verschiedenen Landschafts- und Städtemotiven. Unübersehbar waren im Vortragszimmer die mit dem Reichsadler besetzten Rückenlehnen der Stühle am grünbezogenen Kabinettstisch, die sich vom Lehnstuhl des Kaisers und des Reichskanzlers deutlich unterschieden. Zwei neben der Tür zum Fahnenzimmer vor der Wand angeordnete Tische mit je einem Sessel mögen die Arbeitsmöglichkeiten für an den Sitzungen teilnehmende hohe Beamte gewesen sein.

Die Ausstattung mit Erinnerungsstücken und Familienportraits zog sich bis ins Eckzimmer hinein. Dort hingen Bilder, die der privaten Erinnerung des Kaisers dienten. Auf dem Schreibtisch waren Porträts der eigenen Familie aufgestellt, der Blick des von seiner Arbeit aufschauenden Kaisers traf aber ebenso auf die Büste seines Vaters und die Friedrichs des Großen.

Im runden, rechts von der „oberen Vorhalle" gelegenen Treppenhaus befanden sich weitere Skulpturen: „Auf dem ersten Treppenabsatz die Marmorgruppen des der Antike nachgebildeten ‚Weimarer Löwen', an den sich ein Genius des Friedens lehnt, und des „preußischen Adlers", der von einem Genius aus gefüllter Schale getränkt wird. Auf der Querwand, an der Treppenwindung haben Meisterwerke

Rauchs ihren Platz gefunden, zwei Viktorien, die über die Opfer des Krieges wehmütig sinnende und die in ihrem Siegesjubel der Opfer kaum gedenkende Göttin, die sich selbst bekränzt. Dazwischen befindet sich der Genius des Friedens, auch die Marmorbüste Friedrichs des Großen ... Zur rechten und linken Wandseite bilden die Büsten Friedrich Wilhelms III. und Friedrich Wilhelms IV., an ihrem Sockel die Reliefportraits berühmter Heerführer und Staatsmänner ihrer Zeit einen besonders würdigen Schmuck des Treppenhauses"[37].

Die auf den unteren Zwischenpodesten aufgestellte Gruppe des „Weimarer Löwen" als Sinnbild des Friedens und des Genius, der den preußischen Adler tränkt, eröffnete die sich zwischen Krieg und Frieden bewegende Gedankenwelt. Das Bildmotiv der Tränkung des preußischen Adlers war mit dem Akanthusfries aus der Bauzeit bereits vorgegeben worden, wo Genien und Adler paarweise unterhalb der Königsbüsten erscheinen.

Die Bildaussage des Treppenhauses wurde von der Gruppe der beiden Viktorien und des Friedensgenius bestimmt, auf die der Besucher beim Betreten des Treppenhauses zuging. Unter dem Friedensgenius stand auf dem Zwischenpodest das Bildnis Friedrichs des Großen.

So wie sich die beiden Figurengruppen in den architektonischen Aufbau des Treppenlaufes einfügen, darf vermutet werden, dass der den preußischen Adler tränkende Genius und der „Weimarer Löwe“ bewusst für die Aufstellung auf den Podestabsätzen angefertigt wurden.

Die Vergabe der Figurengruppe in der Hauptachse des Treppenhauses an Christian Daniel Rauch war schon 1847 geplant gewesen, konnte aber erst nach der Revolution von 1848 ausgeführt werden. Neben der Legitimationsfunktion der ausgestellten Skulpturen kam im Treppenhaus ein zeithistorischer Aspekt hinzu. Den Büsten von Bruder und Vater waren auf den begleitenden Vasen Reliefporträts der Fürsten Blücher und Hardenberg, des Grafen Friedrich Wilhelm von Brandenburg oder Alexander von Humboldts hinzugefügt, die in der Regentschaftszeit der beiden Monarchen eine Rolle gespielt hatten.

In den Gesellschaftsräumen des Hauses fanden sich hingegen keine Hinweise auf die Geschichte Preußens und keine allegorischen Darstellungen zu Krieg und Frieden. Eine Ausnahme bildete lediglich der Adlersaal; in dem Hauptveranstaltungsraum des Hauses wurde nach seiner Umgestaltung 1854 der Gast beim Betreten des Raumes durch eine mächtige Plastik des preußischen Wappentieres empfangen.

Bis über die Mitte des 19. Jahrhunderts hinaus war die Bedeutung Friedrichs II. im preußischen Selbstverständnis herausragend, er war eine der zentralen Identifikationen für das Nationalbewusstsein.

Im Tanzsaal verwiesen allegorischer Schmuck mit Szenen zur Aufforderung zum Tanz und Darstellungen aus dem Leben der Psyche auf die Funktion des Raumes. Ebenso kennzeichneten die in der Gesimszone im Kleinen Speisesaal und in anderen Gesellschaftsräumen angeordneten Figuren die unterschiedlichen Funktionen der Zimmer.

Die Fensterabfolge im Mezzaningeschoss des Palais wurde in einer sich streng wiederholenden Abfolge mit allegorischen Darstellungen des Waffenhandwerks und anderer Verkörperungen besetzt. Vier Statuen auf der zum Opernplatz gerichteten Stirnseite des Hauses und zwölf Statuen auf der Lindenfassade sowie eine weitere Abfolge entlang der Gasse am Niederländischen Palais rundeten das Bildprogramm ab. Zwischen den Allegorien befand sich jeweils ein Wappenschild. Das Zentrum der Lindenfront bildete der Haupteingang mit Balkon. Er wurde vom Staatswappen unter der Königskrone verziert, die zwei „wilde Männer“ als Wappenbegleiter flankierten. Dasselbe Bildprogramm wie-

Das große preußische Staatswappen. Auf der Fassade des Palais war das in die 52 Wappen der Landesteile des Königreichs aufgeteilte Staatswappen zu sehen. Das mit der Königskrone ausgezeichnete Hauptwappen war in der Mittelachse der Hauptfassade angeordnet.

derholte sich auf der Schmalseite. Auf die „wilden Männer" der Lindenfront folgten spiegelbildlich je eine sich bekränzende Viktoria, daran anschließend je ein Fahnen- beziehungsweise ein Wimpelträger in altdeutschem oder antikem Kostüm sowie Allegorien der Waffengattungen – unter anderem zwei mit Mörsern ausgestattete Darstellungen der Artillerie. Die Figuren mit Füllhorn an der Lindenfront verkörperten Frieden und Wohlergehen nach zuvor errungenem Sieg, eine weibliche Figur mit Spindel das Fortschreiten der Zeit, indem sie am Faden der Zeit oder der Geschichte spinnt. Das Schicksal

wurde auf der Schmalseite des Hauses mit der Büchse der Pandora dargestellt, den Ruhm verkörperte eine Fanfaren blasende Fama. Die weiblichen und männlichen Personifikationen kreisten mit ihren Aussagen um Krieg, Tapferkeit, Frieden, Eintracht, Geschichte und Ruhm.

Die Anordnung der Wappen wurde beherrscht vom Großen Preußischen Staatswappen in der Fassung von 1817, wie es unter Friedrich Wilhelm III. gültig war.[38] Die beiden vollplastischen Adler über den Gebäudeecken sowie die Adlerreliefs auf dem Fries über den Säulen der Vorfahrt und als Endpunkte des Frieses über den Fenstern des Hauptgeschosses waren sicherlich nicht ausschließlich dekorative Zutat, sondern sollten ebenso wie das Staatswappen die Bindung des Hausherren an den durch den Adler symbolisierten Staat bekunden. Dass sich das im Mezzanin zitierte Bildprogramm später auch im Inneren des Hauses fortsetzte, zeugte vom Wunsch, an der dargestellten Vorstellungswelt festzuhalten.

Bereits der Figurenfries im Mezzaningeschoss hatte mit seinen Personifikationen die Themenbreite von Friedensgenius und sinnbildhaften Darstellungen des Waffenhandwerks zusammen mit den Wappen des preußischen Staatswappens vorgeführt. Trotz seiner zahlreichen Wiederholungen ist der Adler im Gebälk der Fenster des Hauptgeschosses mehr als nur dekorative Ausschmückung der Fassade.

Planungen, Bau und Zeitumstände

Unter dem 1. März 1837 schrieb Gabriele von Bülow, Tochter Wilhelm von Humboldts, an ihren Mann: „Am Sonnabend wurde mir die Besichtigung eines anderen Gebäudes zu Theil, nämlich des neuen Prinz Wilhelmschen Palais. Die Prinzessin führte an dem Tage ihren Plan aus, es uns, dem Onkel [das heißt Alexander von Humboldt], Hedemanns und mir, zu zeigen, und hatte Recht gehabt, dazu einen schönen, sonnigen Tag auszusuchen, denn eine solche Beleuchtung macht gleich einen ganz anderen Eindruck. Im Ganzen muß man doch das Gebäude sehr rühmen, wie ich finde, besonders darum, weil man sieht, daß die Räume so gestaltet worden, wie die Bewohner sie wünschten, und diese sich nicht wie gewöhnlich den Räumen anpassen müssen. Dort ist von oben Licht geschaffen, wo es nicht von den Seiten kommen konnte, Treppen sind kühn angebracht, wo sie nöthig waren, kurz, es hat darin Aehnlichkeit mit der englischen Bauart, wie überhaupt auch in der Einrichtung, wie z. B., daß die beiden Salons der Prinzessin und ihr Kabinett egal tapezirt und möblirt sind. Letzteres ist gerade auf der Ecke, wie das des Prinzen darunter, und die Aussicht aus beiden Eckfenstern wirklich schön und großartig. Heimlich [das heißt anheimelnd] aber finde ich das Kabinet nicht, für ein so kleines Zimmer sind die Fenster zu groß und ordentlich ängstlich der prächtigen Scheiben wegen, die glauben lassen, es seien gar keine da. Die Räume für die Gesellschaften sind ganz prächtig, nur viel zu groß für die Berliner Gesellschaft, die sich darin verlieren wird. Sehr schön ist die Treppe und reizend ein runder Saal zum Treibhaus, kurz, das Ganze kann sich sehen lassen und amüsirte mich sehr zu sehen.“[39]

Bereits die frühen Wiedergaben des Palais zeichnen ein Bild des Hauses, das sich bis zur Zerstörung im November 1943 so gut wie nicht verändert hat. Lediglich die im Laufe der Jahrzehnte erforderlichen Anstriche folgten bis zur letzten Renovierung 1936 den Farbgebungen des jeweiligen Zeitgeschmacks.

Gabriele von Bülow rechnete dem Haus also an erster Stelle an, dass es in seiner Ausstattung – wahrscheinlich aber ebenso auch in seiner Architektur – den Wünschen des prinzlichen Ehepaares entsprochen hat. Hier liegt vermutlich der Schlüssel zum Verständnis, warum der Auftrag zum Bau des Palais nicht an den obersten Architekten Preußens, Karl Friedrich Schinkel, gegangen war, sondern an Karl Ferdinand Langhans, den – bis dahin noch völlig unbekannten – Sohn des Erbauers des Brandenburger Tors.

Der Schriftwechsel zwischen dem Prinzen Wilhelm und Schinkel ließ erkennen, dass der Bauherr bei seiner Entscheidung für Langhans und damit für einen Wechsel in der Auftragsvergabe gleichzeitig um eine für Schinkel verträgliche Begründung bemüht war. Ein undatierter Brief des Prinzen, der offensichtlich an Schinkel gerichtet war, belegt, wie stark das prinzliche Ehepaar hinsichtlich der Funktionalität des Grundrisses, der Ausbeute des Tageslichtes durch bestimmte Fensterformen und die Gestalt der Fassade in die Entwurfsvorstellungen Schinkels eingriff. Am 10. Februar 1832 stauchte der Prinz den Architekten angesichts seiner großartigen Entwürfe sogar regelrecht zusammen: „Ich bin bisher mit meinen Finanzen noch nie in Verlegenheit gewesen, wünsche also durchaus so fortzufahren, um wenigstens nicht noch beschränkter als bisher leben zu müssen. Daher würde, soll ich aus meinen Mitteln bauen, das Project [das heißt der Entwurf Schinkels] doch sehr modifiziert werden müssen, ...“[40]

Die Unzufriedenheit mit den Entwürfen Schinkels ließ den Prinzen nach Auswegen suchen. Im Winter 1832/33 kam es augenscheinlich zur entscheidenden Wende. Am 6. Mai 1833 entwarf der Prinz an Schinkel folgenden Brief, der jedoch in der abgesandten Fassung dann deutlich gemildert wurde: „Im vergangenen Winter befragte mich der Garnison Bau Direct meines Armée Corps, capt. Moser, ob ich dem B.[au] R.[at] Langhans wohl erlauben wollte, einen Plan zum Bau eines Palais auf der Stelle meines jetzigen

Hauses, zu entwerfen. Ich erwiederte ihm, daß ich Niemand verbiethen könne Pläne zu zeichnen, die Annahme oder Ausführung derselben sei jedoch eine andere Sache um so mehr da Ihr Plan zum Palais Bau bereits feststehe u.[nd] um ruhigere Zeiten abgewartet würden, um die vom König gemachten Einschränkungen zu bekämpfen. – Jetzt hat der B.[au] R.[at] L.[anghans] mir seine Pläne eingereicht u.[nd] nach einigen von mir gewünschten Modificationen, erscheint mir das Project sehr gelungen, da es die Wohnungs Räume unverändert nach Ihrem Plan läßt u.[nd] nur in den Saal Combinationen eine annehmbare Veränderung eintreten läßt. / Ich übersende Ihnen in den Anlagen diese Pläne, um mir Ihre Ansicht über dieselben mitzutheilen. ... Um eine baldige Abgabe Ihres Gutachtens ersucht W."[41] Unverblümt wollte der Prinz zu verstehen geben, dass er sich bereits für den Langhansschen Entwurf entschieden hatte und Schinkel nur noch in der Rolle des ohnehin einzuschaltenden behördlichen Gutachters in der Oberbaudeputation sah. Selbst noch die modifizierte Fassung des prinzlichen Schreibens machte Schinkel deutlich, dass er als Architekt des Palais ausgeschieden war. Der in Breslau lebende Langhans hatte seinen eigenen Entwurf indessen nur auf der Grundlage von Schinkels zweitem Projekt für den Standort des Palais am Opernplatz entwerfen können, die Kenntnis der Pläne konnte ihm wiederum nur durch den Prinzen selber vermittelt worden sein.

Das Antwortschreiben Schinkels vom 24. Mai 1833 erkannte den Entwurf von Langhans fast ohne jede Einschränkung an; Schinkel ließ sein Schreiben an den Prinzen übertrieben devot und floskelhaft enden – vielleicht in der Hoffnung, von der Mitwirkung am Bau doch nicht ganz ausgeschlossen zu werden: „In wiefern es meines Raths im Verfolg der Ausführung bedarf, überlasse ich ganz dem gnädigen Ermessen Euerer Königlichen Hoheit. Die ausführenden Baumeister, wo sie es verlangen, nach besten Kräften zu unterstützen, das Gelingen der Unternehmung be-

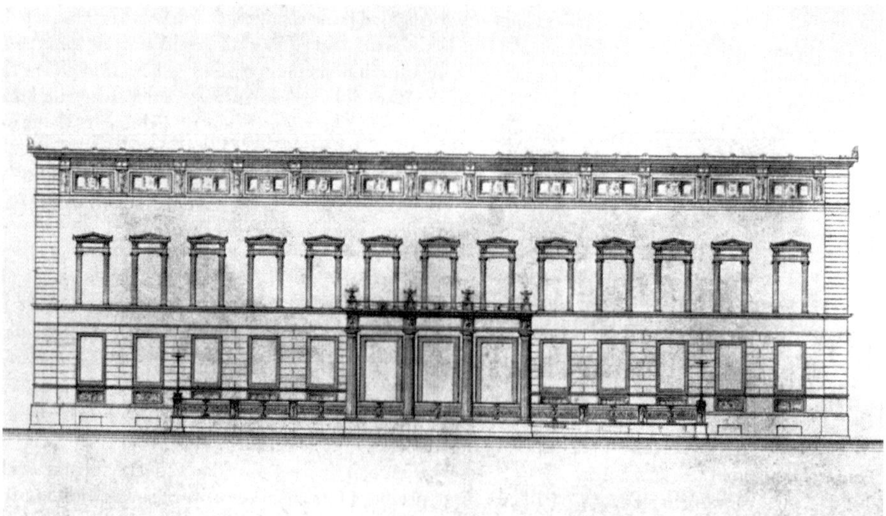

Eine von Langhans vor Baubeginn angefertigte und durch den Bauherren mit seinem Namenszug freigegebene Entwurfszeichnung ging noch von einem glatt verputzten Obergeschoss aus, sonst belegte die Zeichnung die Übereinstimmung von Entwurf und Ausführung. Gut erkennbar ist der kubische Grundbaukörper des Hauses.

fördern zu helfen und dadurch die Zufriedenheit Euerer Königlichen Hoheit zu gewinnen, wird stets mein großes Glück machen."[42]

Wie sich Schinkel der Konkurrenz von Langhans zu erwehren versucht hatte, verdeutlichte das Schreiben, das Prinz Wilhelm im Dezember „An den Koeniglichen Ober Bau Direktor und Geheimen Ober Baurath Herrn Schinckel" richtete: „Von den in Ihrem gefälligen Schreiben vom 24.ten May d. J. zu diesem Behuf Mir vorgeschlagenen beiden Architecten, dem Hofbaurath Stüler und dem Baurath Langhans habe ich diesem Letzteren, da er nach seiner Erklärung an einem laengeren Aufenthalt hierselbst nicht verhindert wird, die Ausführung des Baues übertragen."[43] Schinkel hatte vorgeschlagen – da Langhans nicht in Berlin lebe, Stüler die Bauleitung zu übertragen. Langhans konnte mit der Übernahme der Bauleitung selber nun auch seine Detailvorstellungen vor Ort auf der Baustelle Unter den Linden vertreten.

Die Entwürfe änderten sich augenscheinlich noch bis kurz vor ihrer Ausführung, selbst der vom Prinzen mit einem Genehmigungsvermerk abgezeichnete

1890 wies das Palais bis in den Bewuchs der Pergola hinein eine identische Übereinstimmung mit seiner ursprünglichen Bauausführung auf. Das Foto belegt gewissermaßen den Zustand des Hauses beim Tod der Kaiserin Augusta. Es zeigt aber auch, wie gestalterisch unverzichtbar die Pergola am Übergang zur königlichen Bibliothek ist.

Fassadenentwurf wurde wenig später in der Ausführung des Fugenbildes abgeändert. Im Dezember 1833 hatte König Friedrich Wilhelm III. genehmigt, ein in der Behrenstraße gelegenes Grundstück zur Unterbringung der prinzlichen Hofhaltung und zum Bau der Pferdeställe und Remisen an seinen Sohn abzutreten. Wilhelm konnte im Frühjahr des darauffolgenden Jahres mit dem Bau seines Hauses nach dem Entwurf von Langhans beginnen.

Beauftragt wurde Langhans noch im Dezember 1833. Die Grundsteinlegung erfolgte nach dem Abbruch des Vorgängerbaus am 29. Mai 1834.[44] Zuvor hatte am 21. März das prinzliche Paar eine vorübergehende Wohnung im Schloss bezogen.[45] Ein Fassadenentwurf von Langhans erhielt am 17. März 1834 einen Genehmigungsvermerk des Bauherren.[46] Im Winter 1835 war der Rohbau vollendet.[47] Im April 1837 wollte das Paar in den Neubau einziehen, die Einweihung wurde aber erst am 10. Mai 1837 gefeiert.[48]

Besonders stolz war Prinz Wilhelm, dass die veranschlagte Bausumme nicht überschritten worden war: „Es ist das erste Mal, daß ein solcher Bau ausgeführt worden ist, wo die bestimmten Summen nicht überschritten wurden, was dem Architekten gewiß große Ehre macht. Ich habe aber auch kontrolliert bis ins Detail", so Wilhelm am 19. März 1837.[49] Diese Bemerkung musste auch ein Seitenhieb gegenüber Schinkel sein. Entsprechend den Vorgaben einer strikten Kosteneinhaltung hatte der Prinz eine zumindest generelle Anweisung für die Vergabe der Aufträge an Handwerker und Fabrikanten vorgegeben; beauftragt werden durften nur heimische Kräfte.

An bestimmten Tagen wurde das neue Haus nicht nur geladenen Gästen des Prinzenpaares gezeigt, sondern auch dem allgemeinen Publikum zur Besichtigung freigegeben. Diesen Besuchern gegenüber erbrachte der Prinz durch an den jeweiligen Gegenständen angebrachte Beschriftungen ganz bewusst den Nachweis darüber, dass selbst die kunsthandwerklichen Arbeiten sämtlich im Lande ausgeführt worden sind. „... da ist das Geld, welches in Umlauf gesetzt ist und der Stadt wie dem Land zugute kommt, wenn, wie ich es gewissenhaft getan habe, man alles im Lande herstellen läßt."[50]

Die Vergabe aller handwerklichen Leistungen an die ansässigen Handwerker und Gewerbebetriebe sowie an Berliner Bildhauer konnte deshalb erfolgreich sein, weil sich um 1830 die Bemühungen von Beuth und Schinkel, die sich seit den zwanziger Jahren für die Belebung des heimischen Gewerbes einsetzten, auszuzahlen begonnen hatten. Die Berichterstattung hob deshalb lobend hervor, „daß die Pracht aus lauter Erzeugnissen des vaterländischen Kunstfleisses und vaterländischer Gewerbe hergestellt ist."[51]

Schinkel legte seine vielfachen Planungen für ein Palais des Prinzen Wilhelm nicht einfach zu den Akten, sondern veröffentlichte sogar noch zehn Jahre später 1838 in seinen „Architektonischen Entwürfen" den „Entwurf für einen Pallast des Prinzen Wilhelm Königl. Hoheit am Pariser Platz", der 1829 entstanden war, ebenso wie seine beiden zeitlich unmittelbar nachfolgenden Entwürfe „für einen Pallast des Prinzen Wilhelm Königl. Hoheit am Opernplatz“. Man kann dies als Hinweis verstehen, dass Schinkel seine Zurücksetzung bei der Vergabe des Entwurfs nicht ganz gleichgültig war und er mit der Veröffentlichung die Besonderheit seiner erarbeiteten Entwürfe gegenüber dem inzwischen fertig gestellten und im Jahr vor der Veröffentlichung zur Besichtigung freigegebenen Palais demonstrieren wollte. Das in der Konzeption von Langhans bescheidener, aber auch wohnlicher ausgefallene Palais war vom prinzlichen Ehepaar 1837 kurz vor der Schinkelschen Veröffentlichung bezogen worden.

Der im Briefentwurf Wilhelms vom 6. Mai 1833 enthaltene Hinweis, dass „ruhigere Zeiten abgewartet würden“, dürfte sich auf die unruhigen Zeitumstände der Jahre 1830 bis 1832 bezogen haben, die in Berlin zu einer Lähmung des öffentlichen Lebens geführt hatten. In Berlin waren am 16. und 17. September 1830 als Folge der Pariser Juli-Revolution tumultuarische Unruhen auf offener Straße zum Teil mit revolutionären Aufrufen zur Einführung einer konstitutionellen Monarchie ausgebrochen. Gegen diese Forderung, wie sie aufgebrachte Berliner Bürger vorbrachten, stand andererseits das Beharren konservativer Kreise. „Am Hubertustage 1830 erregten die Prinzen auch die Entrüstung der aufgeklärten Hauptstadt, als sie beim Jagdmahle im Schlosse Grunewald jubelnd einen Trinkspruch auf den Sieg der guten Sache ausbrachten und dann nach russischem Brauche die Gläser an der Wand zerschmetterten.“[52] Die stockkonservative Haltung der Prinzen ging der „aufgeklärten Hauptstadt“ zu weit. Die Furcht vor revolutionären Umtrieben in Berlin fand noch 1835 im harten Vorgehen des Militärs ihren Ausdruck, das die bei den öffentlichen Feiern zum Geburtstag des Königs am 3. und 4. August ausgebrochenen Tumulte gewaltsam unterdrückte.[53]

Aus dem Arbeitszimmer der Kaiserin heraus hatte man einen Blick auf herausragende Bauten der preußischen Monarchie, wie sie seit Friedrich I. entstanden waren – auf das ehemalige Palais des Prinzen Heinrich, seit 1810 Universität, auf die Neue Wache, auf das Zeughaus und die Staatsoper. Im Hintergrund die weißen Marmorfiguren der Schlossbrücke mit ihrer Darstellung des Lebens- und Leidensweges eines preußischen Helden; dahinter angeschnitten die Häuser der Schlossfreiheit. Der Opernplatz im Vordergrund war gerade gärtnerisch gestaltet worden.

Fast zeitgleich mit den politischen Unruhen hatte im September 1831 von Osten her die Cholera Berlin erreicht und bis in das Folgejahr hinein das öffentliche Leben gehemmt. Umfangreiche Kontrollmaßnahmen beim Betreten der Stadt und Isolierung der Cholerakranken hatten die Bewegungsfreiheit eingeschränkt. Die Bürgerschaft hatte eine Vielzahl an Toten zu beklagen. Zu den Opfern zählte auch der Philosoph Hegel. Die wirtschaftliche Entwicklung kam ebenso zum Stillstand.

Auch von der östlichen Landesgrenze drohte Ungemach. Die ebenfalls als Folge der Pariser Juli-Revolution ausgebrochenen polnischen Unruhen zwangen zu einem umfangreichen preußischen Truppenaufmarsch, um deren Übergreifen auf das benachbarte preußische Territorium zu verhindern. Als Folge dieser Ereignisse beschloss der Bundesrat am 28. Juni und 5. Juli 1832 eine erhebliche Steige-

rung der Rüstungsausgaben in Preußen und Österreich, um mögliche neue Unruhen in den kleineren deutschen Teilstaaten gewaltsam unterdrücken zu können. Diese Maßnahmen nahmen die Staatshaushalte über Gebühr in Anspruch.

Erst nach dem Abklingen der Cholera und der politischen Unruhen vermochte Prinz Wilhelm den Bau seines Palais in Angriff zu nehmen – möglicherweise auch als Maßnahme einer Wiederbelebung der „vaterländischen" Wirtschaft, inmitten des kleinen Bezirks, der sich um die königliche Residenz herum seit dem Ende der Freiheitskriege herausgebildet hatte. Das Palais des Prinzen blieb nicht die einzige öffentliche Baumaßnahme nach dem Ende der Cholera. Zeitgleich begann die Ausführung der benachbarten Schinkelschen Bauakademie, mit der eine weitere Verbesserung des kleinen Bezirks um die Residenz des Königs erreicht wurde.

In den späten fünfziger Jahren bot die nähere Umgebung des Palais Unter den Linden ein nahezu idyllisches Bild. Hinter der Staatsoper beherrschte die mächtige Baumkulisse des Prinzessinnengartens den Straßenraum, davor stand die Gruppe der Generalsstandbilder. Hinter dem kleinen Prinzessinnenpalais folgten das Kronprinzenpalais und die Kommandantur sowie die Schlossbrücke und die Schlossfreiheit. Den Abschluss bildete die Silhouette der Baukörper des Schlosses mit der beherrschenden Kuppel der Schlosskapelle.

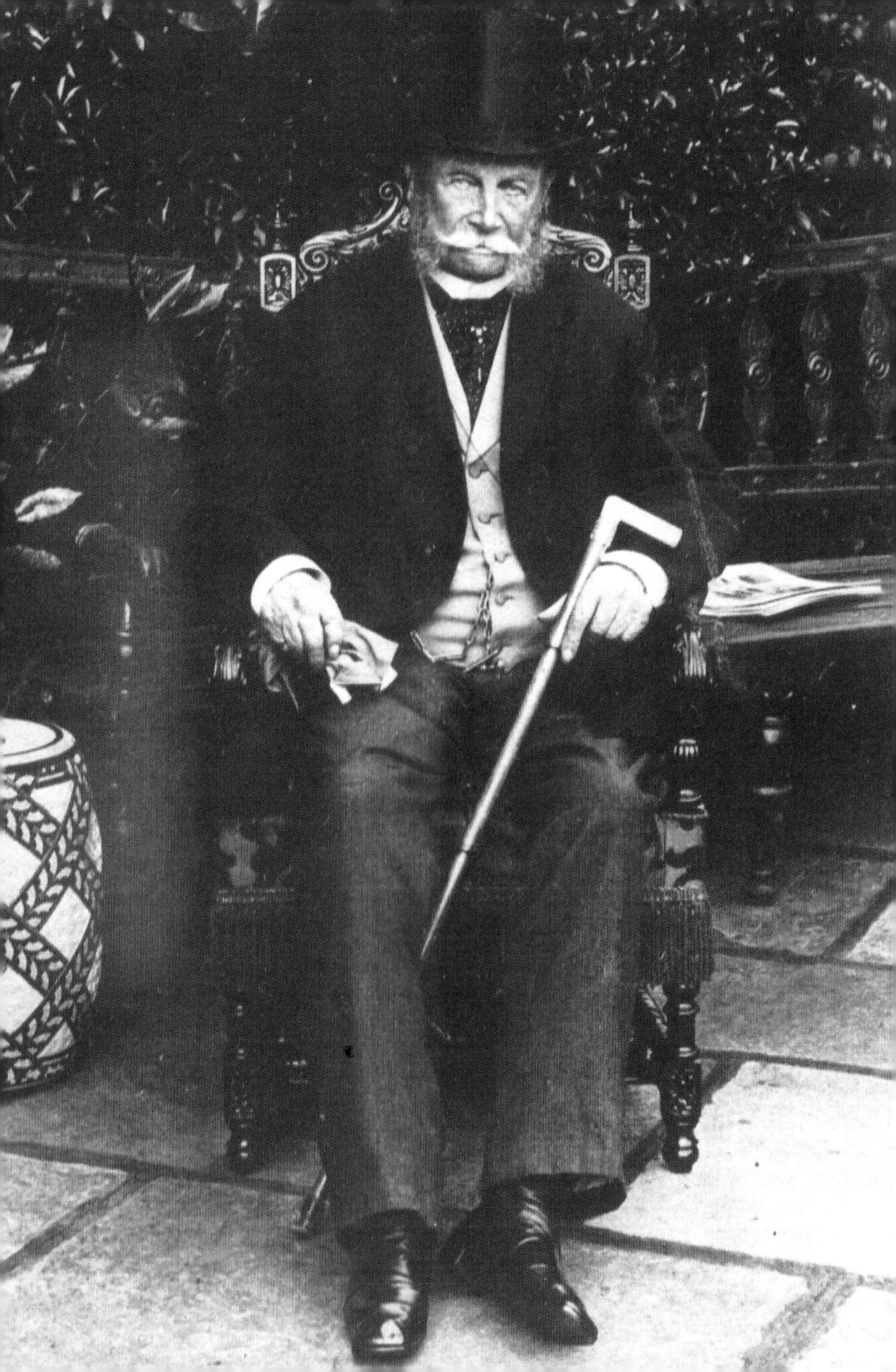

Prinz Wilhelm, am 22. März 1797 als zweiter Sohn Friedrich Wilhelms III. und der Königin Luise geboren, war beim Baubeginn seines Hauses fünfunddreißig Jahre alt. Seit dem 11. Juni 1829 war er mit Prinzessin Augusta von Sachsen-Weimar verheiratet und seit 1825 im Range eines Generalleutnants Oberbefehlshaber des Gardekorps. Der Lebensweg des Prinzen war mit einer rein militärischen Laufbahn vorgezeichnet. „Seine [das heißt Wilhelms] Hoffnung war, dereinst als Feldherr seines Vaters oder seines Bruders die Fahnen Preußens zu neuen Siegen zu führen, und in diesem Waffenhandwerk ward er so bald zum Meister, daß er schon jetzt [das heißt um 1830] für das Vorbild des preußischen Soldaten galt. ... Durch seinen Vater, der die militärische Begabung dieses Sohnes bald erkannte, war er schon im Knabenalter, gründlicher als der Kronprinz, über alle Reformen des Heerwesens unterrichtet worden; und fortan blieb er von der Größe der organisatorischen Gedanken Scharnhorsts, von der sittlichen Überlegenheit des preußischen Volksheeres tief überzeugt."[54]

Selbst in hohem Alter und zivil gekleidet ging von Wilhelm I. die Aura eines Grandseigneurs aus. Kaiserin Augusta wirkte streng und fast verhärmt.

Besprechungen mit einem militärischen Beraterkreis, den der Prinz um sich versammelte – die Generäle Brause, Natzmer und Röder sowie sein Generalstabschef Oberst Reyher – fanden im Arbeitszimmer seines neuen Palais statt. „Sein Ideal war die Kriegführung großen Stiles nach Scharnhorsts Worten: getrennt marschieren, vereinigt schlagen. Die Infanterie nannte er die Hauptwaffe der modernen Heere, auch die lehrreichste für den Führer, weil sie jede Gestaltung des Bodens benutzen könne und darum dem Nachdenken immer neue Aufgaben stelle."[55] Natzmer und Reyher durchliefen eine bedeutende militärische Karriere, wobei besonders Reyher mit seiner sozialen Herkunft aus

unteren Volksschichten stellvertretend die Bedeutung des Volksheeres in den Augen des Prinzen kennzeichnete. Die vorbestimmte militärische Laufbahn des Prinzen fand ihren Ausdruck in der ikonografischen Ausstattung von Fassade und Treppenhaus seines Palais.

Erst 1840 rückte Wilhelm angesichts der Kinderlosigkeit seines Bruders Friedrich Wilhelm IV. zum präsumtiven Thronfolger mit dem Titel eines Prinzen von Preußen auf. Im Januar 1861 folgte er Friedrich Wilhelm IV. nach dessen Tod auf den Thron, nachdem er bereits seit 1858 die Regentschaft für den unheilbar erkrankten Bruder ausgeübt hatte.

Schon in seiner Regierungserklärung als Prinzregent hatte Wilhelm am 8. November 1858 eine seiner politischen Grundhaltungen zu erkennen gegeben: „Die Armee hat Preußens Größe geschaffen und dessen Wachstum erkämpft; ihre Vernachlässigung hat eine Katastrophe über sie und dadurch über den Staat gebracht, die glorreich verwischt worden ist durch die zeitgemäße Reorganisation des Heeres, welche die Siege des Befreiungskrieges bezeichneten. Eine vierzigjährige Erfahrung und zwei kurze Kriegsepisoden haben uns indes auch jetzt aufmerksam gemacht, daß manches, was sich nicht bewährt hat, zu Änderungen Veranlassung geben wird. Dazu gehören ruhige politische Zustände und – Geld, und es wäre ein schwer sich bestrafender Fehler, wollte man mit einer wohlfeilen Heeresverfassung prangen, die deshalb im Momente der Entscheidung den Erwartungen nicht entspräche.“[56] – ein die Entwicklung der fünfziger Jahre ungemein kennzeichnendes Dokument rationalen Denkens. Demonstrativer Ausdruck der in den Augen des Königs unumgänglichen Heeresreform wurde am 18. Januar 1861 die Fahnenweihe der neu gebildeten Regimenter am Denkmal Friedrichs des Großen und damit direkt vor dem Palais Unter den Linden. Über die Finan-

Um die Zeit, als Wilhelm I. König von Preußen geworden war, bot der Monarch, von einzelnen Porträtdarstellungen bis in die zur Verbreitung bestimmten Stahlstiche für Familie und Untertanen, weiterhin das Bild eines sich straff militärisch gebenden, schlanken Offiziers – ganz im Gegensatz zu seinem Bruder Friedrich Wilhelm IV., der durch seine Leibesfülle und gänzlich anderen Interessen den Eindruck eines Philosophen und Künstlers gemacht hatte. Augusta wurde in der Pose einer Dame in großer Toilette präsentiert.

zierung dieser Heeresreform kam es zu einem grundlegenden Konflikt mit dem liberalen Abgeordnetenhaus, das den Finanzhaushalt genehmigen musste und seine Zustimmung verweigerte. Als Folge dieses Konflikts wurde im Herbst 1862 Bismarck zum preußischen Ministerpräsidenten berufen und hielt vor der Budget-Kommission des Abgeordnetenhauses seine „Blut- und Eisen-Rede“: „Nicht auf Preußens Liberalismus sieht Deutschland, sondern auf seine Macht.“

Am Ende des Weges der von Bismarck durchgesetzen Vormachtstellung Preußens gegenüber Österreich und der Vorherrschaft von Krone und Regierung gegenüber der Volksvertretung stand 1871 die Proklamation des Deutschen Kaiserreichs.

Das Haus als Kunstwerk

Der Baukörper des Palais besitzt eine in sich geschlossene, kubisch strenge Grundform, die weder durch Risalite noch durch Bewegungen des Dachkonturs aufgelöst wird. Die Eckverquaderungen an den Gebäudekanten in der Vertikalen, der Gebäudesockel und das schmale Mezzaningeschoss in der Horizontalen rahmen diesen Grundbaukörper so nachhaltig ein, dass die durchlaufenden Fensterbrüstungsbänder von Erd- und Obergeschoss die Wirkung dieses Rahmens kaum schmälern. Die Strenge der Entwurfshandschrift, wie sie der Baukörper zum Ausdruck bringt, wird dadurch unterstrichen, dass die Fenster in beiden Hauptgeschossen in enger Stellung und gleichförmiger Reihung angeordnet sind. Wie deutlich die Wirkung von deren Horizontalität gewollt war, belegt die Rampenbrüstung der Vorfahrt, die nicht dem Steigungswinkel der Auffahrt folgt, sondern als Wange von gleichbleibender Höhe die schiefe Ebene der Zu- und Abfahrt kaum wahrnehmen lässt.

Im Jahre 1856 bot das Palais des Prinzregenten weiterhin den seit Jahrzehnten gewohnten Anblick, wobei sich sogar die Form seiner bildlichen Wiedergabe über Eck fortsetzte. Auf diese Weise sollte augenscheinlich der unverzichtbare Gesamtüberblick über den kubischen Baukörper ermöglicht werden. Zugleich wurde dadurch das kompositorische Spannungsverhältnis zwischen der streng gestalteten Überdachung der Vorfahrt in der Hauptfassade und dem lyrischen Intermezzo der Pergola auf der Schmalseite zum Opernplatz ersichtlich.

Die Überdachung des Haupteingangs in ihrer streng dorischen Architekturordnung weist das gleiche Proportionsverhältnis von Länge und Tiefe auf wie der Grundbaukörper. Vergleichbar der weinblattberankten Veranda vor der Schmalseite des Palais fällt der Duktus eines an den Grundbaukörper additiv herangestellten und beinahe eigenständigen Bauteils ins Auge, der auf keinen Fall aus dem Hausbaukörper organisch heraus entwickelt werden sollte. Gleichwohl bleibt eine Hierarchisierung der Fassade durch die Fensterrahmungen des Obergeschosses als dem vornehmsten Geschoss des Hauses bestehen, wobei das optische Zusammenspiel jeder einzelnen Fensterachse von Erd- und Obergeschoss in ihrer Betonung der Vertikale der Horizontalität des Baukörpers entgegenwirkt. Die

In strenger dorischer Ordnung der hoheitsvolle Haupteingang in das Palais.

einfacher geschnittenen Fenster im Erdgeschoss dienen der Steigerung der Vertikalität der Fensterachse. Zwar sind sie im Vergleich zu den Obergeschossfenstern nicht gleichwertig gerahmt, aber doch proportional ähnlich ausgelegt. Durch die in beiden Stockwerken beinahe gleich ausgebildete Quaderung der Fassadenoberfläche wird die Hierarchisierung, „nur" Fenster eines Sockelgeschosses zu sein, abgemildert. Dieser Wirkungsweise im Verspannen von Horizontalität und Vertikalität innerhalb des Baukörperkubus entspricht ebenso das Spiel der farblich unterschiedlich gehaltenen Quadern sowie das Gegeneinander von strenger dorischer Architektur vor dem Hauptportal des Palais und lyrischem Intermezzo der begrünten Veranda auf der Schmalseite, hinter der die Fenster von Arbeitszimmer und Bibliothek gegenüber den Fenstern der Lindenfront deutlich vergrößert worden sind.

Eine künstlerisch so bewusst gestaltete Architektur ist kaum Ausdruck des haushälterischen Wesens des Prinzen, sondern vielmehr Dokument einer herausgehobenen künstlerischen Entwurfskraft des Architekten, die augenscheinlich auch die Anerkennung der Zeitgenossen gefunden hat. Das „Ich habe aber auch kontrolliert bis ins Detail" des Prinzen und die

In südländisch heiterer, begrünter Form die Pergola als Teil der kaiserlichen Wohnung.

äußerst disziplinierte Entwurfshandschrift des Architekten werden sich gegenseitig ergänzt haben.

Im Systemaufbau der Fassade ähnelte der Langhans'sche Entwurf dem Projekt Schinkels für das Wilhelmsche Palais am Pariser Platz von 1829. Bei Schinkel sind jedoch beide Hauptgeschosse in ihren Fensterrahmungen untereinander gleichwertig ausgebildet, die Fensterachsen besitzen in den Geschossen einen größeren Abstand untereinander, die Fenster des Mezzanin sind in die Fläche nur eingeschnitten, das kräftige Kranzgesims arbeitet gegen die Wirkung eines glatten Kubus und wirkt einem Baukörper im Langhans'schen Entwurfsverständnis vor allem durch die markanten Ecktürme entgegen.

Mit dem ersten Projekt Schinkels für den Standort des Palais am Opernplatz entstand zwar ein Grundbaukörper in fast Langhans'scher Strenge, allerdings offenbart die Detailplanung eine Entwurfsvorstellung des Architekten, die die finanziellen Möglichkeiten des Prinzen überstieg: Der Baukörper wird von einer in halber Höhe umlaufenden Galerie unterbrochen, die Obergeschosse sind zurückgesetzt, die Gruppenbildung der Fenster, besonders im Hauptgeschoss, wird durch vertikale Vorlagen zusätzlich noch gegeneinander abgesetzt und die

Das erste Projekt des Staatsbaumeisters Schinkel für ein Palais des Prinzen Wilhelm am Pariser Platz mit monumentaler Quaderfassade.

Der nachfolgende Entwurf Schinkels für das nun am Standort Opernplatz projektierte Palais. Der Bau einer königlichen Bibliothek war hier nicht mehr vorgesehen. Die Ansicht belegt einen immer noch machtvoll in Erscheinung tretenden Baukörper und damit die Entwurfsvorstellung des Architekten, der die finanziellen Möglichkeiten des Prinzen überstieg.

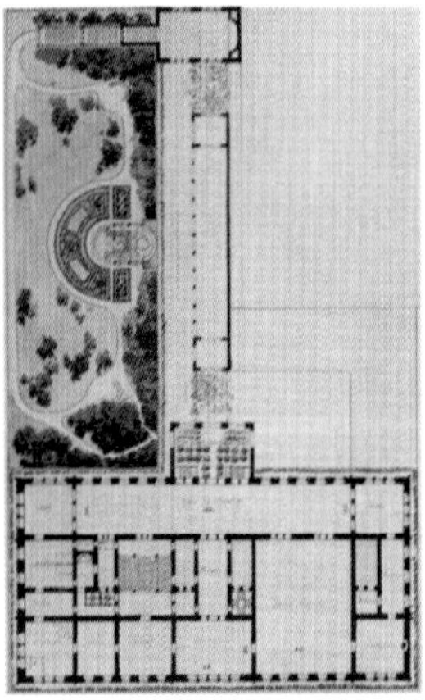

Fassade differenziert zwischen gequaderten Sockel- sowie glatten Obergeschossflächen. Diese Planungen, zusammen mit der Gartenterrassenarchitektur, die anstelle der abgebrochenen Bibliothek entstehen sollte, lassen ahnen, dass Schinkel den Entwurf einer großen fürstlichen Residenz im Auge hatte. Ähnlich seinen Entwürfen der Stadthäuser für Geschäftsleute sollten sie Stadthaus und Sommerhaus in einem sein – oder zumindest den Mangel einer größeren Gartenanlage ausgleichen. Damit entsprachen sie eher Studien des Architekten über die Residenz eines auf der Höhe der Zeit stehenden Fürsten, als den praktischen Bedürfnissen des dem Militärischen verpflichteten Bauherren.

Das zweite Schinkelsche Projekt nahm mit seinem Seitenflügel entlang der Gasse am Niederländischen Palais zwar die endgültige Grundrisslösung vorweg, entwickelte aber zusammen mit den beiden Türmen eine übermächtige Schaufassade, hinter der sich in achsialer Zusammensetzung die Gesellschaftsräume anordneten.

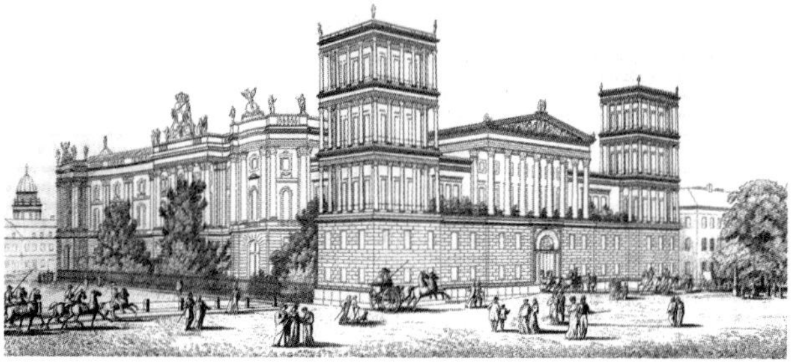

Das zweite Projekt Karl Friedrich Schinkels für das Palais am Opernplatz zeigte die Grundform des späteren Langhans´schen Entwurfs – entlang der Gasse zum benachbarten Niederländischen Palais befand sich ein Seitenflügel mit einem Teil der Festräume, während die Hoffassade des Vorderhauses mit der Rückseite der Bibliothek korrespondieren musste. Gerade der Anschluss an den Brandgiebel der Bibliothek belegt den Zwang, dem die Grundrissgestaltung unterlag. Die Fassade entlang der Straße Unter den Linden mit ihren beiden beherrschenden Türmen war für den Bauherren dann doch zu anspruchsvoll. Ein solches Palais hätte überdies den städtebaulichen Rahmen der königlichen Bauten Unter den Linden mehr als deutlich gesprengt.

Besonders diese beiden Schinkelschen Entwürfe für den Prinzen Wilhelm am Opernplatz hätten die Bescheidenheit des benachbarten Kronprinzenpalais, in dem der König weiterhin wohnte, auffällig verletzt. Den Rang dieses königlichen Wohnhauses, das in der öffentlichen Wahrnehmung ohnehin als eine für einen König bescheidene Bleibe empfunden wurde, durfte der Sohn in keinem Fall durch eine auftrumpfende Architektur übertreffen.

Zeitgleich mit dem Palais des Prinzen Wilhelm entstand die Bauakademie, die Schinkel ebenfalls in Gestalt eines „Kastens" entwarf. Durch seine Binnengliederung der Fassade mit ihrer rasterartigen Wirkung – erzielt durch die vorgelegten Vertikalen der Pilaster und die Waagerechten der Gesimsbänder und des Kranzgesimses – war sie weit entfernt vom differenzierenden Spiel der Langhans'schen Fassade. Die Kastenform des Grundbaukörpers hatte Schinkel auch in der Binnengliederung der Fassade in Erscheinung treten lassen, während Langhans mit ihr kompositorisch der Strenge des Baukörpers entgegenwirken wollte.

Damit wurden die beiden unterschiedlichen künstlerischen Temperamente von Schinkel und Langhans deutlich. Andererseits entsprach der geschlossene Kubus des Baukörpers bei beiden einem neuen Zeitempfinden, das sich bei Schinkel über die Bauakademie hinaus ebenso im Entwurf seiner nicht realisierten Bibliothek wiederfand.

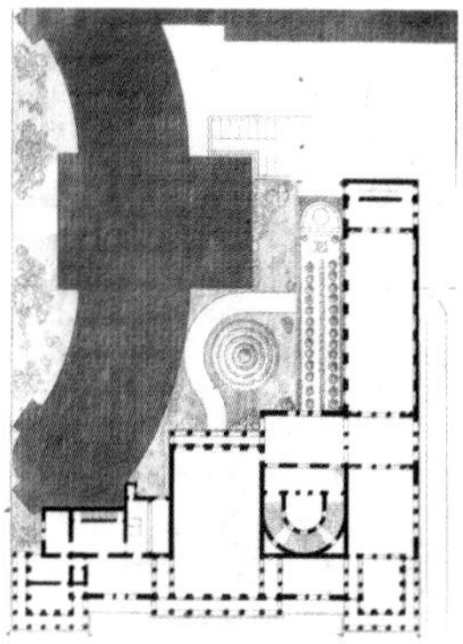

Die Gestaltung der Innenräume

Die farbige Wirkung der Innenräume[57] lässt sich nur noch bedingt nachvollziehen, obgleich die Farbigkeit in ihren Grundzügen überliefert ist. Die Grundstimmung des Hauses wurde in den beiden Vorhallen und dem Treppenhaus sowie in den Gesellschaftsräumen mit ihren Pilastergliederungen an den Wänden überwiegend durch weißen Stuck-Marmor bestimmt. In dem ersten der beiden großen Festsäle, dem „Gelben Saal“, setzte eine rötlich-gelbliche Farbgebung ein. Die Privaträume wiesen zumindest teilweise eine rote Seidentapete auf. Das Arbeitszimmer des Prinzen war in einem kräftigen Grün gestaltet.

Die Wände der ersten Vorhalle waren „von weissem Stuck-Marmor“, „in dem zweiten und in der Treppenhalle von Glanz- und von mattem Stuck-Marmor“, die Glaskuppel über dem Treppenhaus war „mit goldener Glas-Malerei geziert“. Im Balkonzimmer schmückt „weisser Glanzmarmor die Wände“, wobei die Decke „ebenfalls weiss ist, und nur mit wenigen Verzierungen in Gold geschmückt ist“; die Türen scheinen zumindest im Empfangszimmer Augustas aus Mahagoni gefertigt worden zu sein. Empfangs- und Wohnzimmer Augustas waren „mit carmoisinrothen seidenen Tapeten der geschmackvollsten Muster ... ausgeschlagen“.

Das so genannte Malachitzimmer wies die gleiche Wandbespannung mit Seidentapeten wie die beiden rechts des Balkonzimmers liegenden Räume auf. Der anschließende Kleine Speisesaal war wieder in weißem Glanz-Marmor gehalten. „Im Tanzsaal [sind] die Säulen und die Pilaster an den Wänden von weißem Glanz-Marmor, nur dass die Gallerie noch durchbrochen ist von goldenen auf rothem Grunde angebrachten Reliefs, und über den Säulen auf

Kurz nach der Erbauung des Palais war das Arbeitszimmer des Prinzen Wilhelm noch von klassizistischer Kühle. Die klaren Gestaltungsprinzipien zeigten sich sowohl in der Kargheit der Möblierung als auch in den grünen Wänden, deren Wirkung durch keine Details gestört wurde. Lichte Innenräumen waren Bauherr und Bauherrin offensichtlich sehr wichtig: Die Fensterbrüstungen waren außerordentlich niedrig, die Fenster zum Opernplatz raumhoch. Der Blick aus dem Arbeitszimmer fiel nicht nur auf die Rückseite der Hermen, die das Gebälk der Pergola trugen, sondern bis zur gegenüberliegenden Oper.

Der Raumeindruck des Balkonsaals, in dem traditionell auch die Familienfeiern begangen wurden – wie hier die durch Anton von Werner dargestellte Verlobung des Prinzen Heinrich – wurde vom „weißen Glanzmarmor“ auf Wänden und Decke geprägt. Der ähnlich gestaltete Kleine Speisesaal blieb in dieser Form auch nach der Modernisierung der Innenräume durch Johann Heinrich Strack im Jahre 1854 erhalten. In das Farbbild ordneten sich auch die Tischlerarbeiten ein – die Tür des Balkonsaals war ebenfalls weiß gefasst worden.

kleinere Pfeiler sehr reich vergoldete Candelaber trägt. Die Decke des Saales öffnet sich in der Mitte, und über die Oeffnung ist eine Kuppel angebracht, die in der Vertikal-Höhe den durch Malerei dargestellten blauen Himmel zeigt, während von den Seiten derselben her der helle Lichtschein herniederfällt. Der übrige Theil der weiss grundierten

Die Wände der Wohnzimmer waren im Gegensatz zu den Gesellschaftsräumen mit Tapeten bespannt – wie das Wohnzimmer der Kaiserin Augusta.

Decke wird durch schmale Goldverzierungen von Steinpappe ... in verschiedene Felder getheilt, in welchen die schön gemalten Figuren in trefflich gezeichneten Gruppen die Aufforderung zum Tanze darstellen. Das Leben der Psyche befindet sich in eben so geschmackvollen Bildwerken in dem Friese unterhalb der Decke." Die durch weißen Stuck-Marmor geprägte Innenraumarchitektur wurde erst in dem vor dem Adlersaal liegenden Saal verändert: Hier bestand die Wandgliederung aus Pilastern, „welche von rothem Granit, sehr schön von den röthlich gelben Wänden abstechen".

Diese ursprüngliche Farbgebung aus der Erbauungszeit veränderte sich mit dem Umbau von 1854 zugunsten eines geänderten Farbempfindens; allerdings lassen sich heute darauf nur noch wenige Rückschlüsse ziehen. Außer den dunklen Holzpaneelen, wie sie in einigen Räumen des Erdgeschosses angebracht waren, haben sich kaum Anhaltspunkte erhalten.

National
Eigen

Die Renovierung des Hauses

Das Palais des Prinzen von Preußen wird als Nationaleigentum deklariert.

In den ersten anderthalb Jahrzehnten seines Bestehens war das Haus lediglich das Stadtpalais eines Prinzen des königlichen Hauses – seit 1840 nach der Thronbesteigung seines älteren Bruders Friedrich Wilhelm IV. immerhin das des Thronfolgers, der nun den Titel „Prinz von Preußen“ trug. Mit der März-Revolution von 1848 änderte sich jedoch die positive Konnotation. Man machte Wilhelm verantwortlich für das harte militärische Vorgehen gegen die revoltierenden Bürger Berlins auf dem Schlossplatz und damit für das unter ihnen angerichtete Blutvergießen. So gab ihm der Volksmund den Namen „Kartätschenprinz“. „Der Prinz von Preußen“ – so Adolf Streckfuß als Zeitzeuge – „wurde vom Volke als eigentlicher Urheber des Straßenkampfes angesehen. Man erzählte, von ihm sei schon in den Tagen vor dem 18. März der Befehl ausgegangen, auf das Volk zu schießen, und in der Nacht vom 18. zum 19. habe er vorzugsweise darauf gedrungen [was zutreffend war, Anm. d. Verf.], daß das Militär nicht zurückgezogen werde, sondern den Kampf mit äußerster Energie fortsetze.“[58] Die öffentliche Meinung verlangte am 19. März den Verzicht Wilhelms auf die Thronfolge, sodass der Prinz auf Drängen des Königs – um dieser ultimativen Forderung entgegenwirken zu können – abends in aller Heimlichkeit Berlin verlassen musste, um bis zum Mai in London eine Art Exil zu durchleben. „Gegen die Person des abwesenden Prinzen konnte sich die Wut der Volksmassen nicht richten, wohl aber gegen sein Eigentum. Als ... sich der Ruf erhob: ‚Nach dem Palais des Prinzen von Preußen, kein Stein soll auf dem andern bleiben‘, fand er sofort Gehorsam. Der Volkshaufe zog lärmend und schreiend seinem Ziel entgegen [das heißt, nachdem er vorher den Laden des Hof-Handschuhmachers Wernicke Unter den Linden verwüstet hatte, Anm. d. Verf.]. Zwei Bürger

Vor der Universität richtete Friedrich Wilhelm IV. bei seinem Umritt durch die Stadt am 21. März 1848 eine sorgfältig formulierte Ansprache an die bewaffnet angetretenen Studenten und beschwor mit zum Himmel gerichteter Rechten: „Ich will Deutschlands Freiheit, Deutschlands Einigkeit, ich will Ordnung, das schwöre ich zu Gott. ... Sagen Sie es allen."

standen vor dem Palais, um dasselbe zu beschützen. Man forderte sie auf, diesen Posten zu verlassen und wollte dann die Zerstörung beginnen, als eine laute Stimme, alles Geschrei übertönend, aus dem Volkshaufen laut wurde: ‚Schont das National-Eigentum, das Palais des Prinzen von Preußen wird hiermit zum National-Eigentum erklärt!' Ein ungeheurer Jubel, der immer lauter wurde, erhob sich unter dem Volke, als auf den Balkon ein Redner – Ludwig Eichler – trat, der eine große schwarz-rot-goldene Fahne in der Hand hielt und sie schwenkte, dann aber mit wenigen ergreifenden Worten zur Ruhe mahnte, solange die für die Freiheit gefallenen Helden noch nicht bestattet seien. Als sich am folgenden Tage der Tumult vor dem Palais des Prinzen von Preußen wiederholte, brachte man vier große Inschriften: ‚Volkseigentum', ‚Nationalgut' und zweimal: ‚Eigentum der ganzen Nation' an dem Gebäude an."[59] Der Schriftsteller Ludwig Eichler wurde, nachdem ihm sein Auftreten auf dem Balkon des prinzlichen Palais augenscheinlich öffentliche

Anerkennung eingebracht hatte, am 10. April in der Volksversammlung in den Zelten zum Sprecher des Volkswahlkomitees bestimmt, das ein Wahlgesetz mit dem Ziel der Einführung der direkten Wahl ausarbeiten sollte. Die am 19. März noch während der Anwesenheit des Prinzen im Schloss erhobene Forderung, das Palais in Brand zu stecken, konnte mit dem Hinweis auf die dann einsetzende Bedrohung der benachbarten königlichen Bibliothek und ihrer kostbaren Bestände abgewendet werden. Als am 21. März König Friedrich Wilhelm IV. seinen Umritt durch die Stadt unternahm und vor der Universität zu den Studenten sprach, war auch das Palais des Prinzen von Preußen an seinen beiden Gebäudeecken über den Adlern und aus den Fenstern des Obergeschosses mit mächtigen schwarzrot-goldenen Fahnen beflaggt.

Die Ereignisse der März-Revolution und das Schicksal seines Palais mussten auf den Prinzen nach seiner Rückkehr im Mai 1848 eine tiefe Wirkung hinterlassen haben. Wie sich zumindest sein königlicher Bruder mit der Revolution und den nachfolgenden Unruhen des Jahres 1849 auseinandersetzte, belegte das Denkmal des Heiligen Georg als „Schutzengel Deutschlands bei der Niederringung gottfeindlicher Mächte", das Friedrich Wilhelm IV. nach dem Ende des Badischen Feldzuges 1853 dem Prinzen in dessen Sommersitz Babelsberg stiftete.[60]

Am 8. Juni 1849 hatte Wilhelm den Oberbefehl zur Befriedung der revolutionären Unruhen in der Pfalz und in Baden erhalten, im Oktober folgte seine Ernennung zum Militärgouverneur am Rhein und in Westfalen mit der Folge, dass er seinen Wohnsitz in Koblenz zu nehmen hatte.

In den fünfziger Jahren festigte sich die politische Haltung des Prinzen. In der preußischen Nationalversammlung, in die er 1848 als Gutsherr gewählt worden war, in der er aber nach seiner Grundsatzerklärung nur noch über seinen Stellvertreter wirkte, bekräftigte er den seiner Auffassung nach allein gültigen Auftrag der Versammlung, die Verfassung einer konstitutionellen Monarchie auszuarbeiten. Den Ergebnissen des Vertrags von Olmütz aus dem Jahr 1850, der die österreichische Vorherrschaft im Bundesrat festigte, stimmte er nicht zu und die schwankende Politik seines Bruders während des Krimkrieges vermochte er nicht zu teilen. Zu den reaktionären Versuchen der fünfziger Jahre zur Wiederherstellung einer Adelsvorherrschaft ging er deutlich auf Distanz. „Er galt daher als guter preußischer und deutscher Patriot, als kirchlich unbefangen und konstitutionell gesinnt, und die früher dem Prinzen ungünstige öffentliche Meinung war so umgeschlagen, daß alle Hoffnungen der patriotischen und liberalen Partei sich ihm zuwandten.“[61]

Die Renovierung des Hauses 1854 durch Johann Heinrich Strack war vermutlich auf den Verschleiß von Räumen nach zwanzigjähriger Benutzung zurückzuführen, ein Grund mag auch die nicht ganz schonende, wenn auch nur kurze Besetzung durch Revolutionäre im März 1848 gewesen sein. Vielleicht war die Instandsetzung nach der Rückkehr aus Koblenz einem geänderten Geschmack geschuldet. Nicht zuletzt war sie auch Ausdruck sich entwikkelnder politischer und dynastischer Zeitumstände. Jedenfalls ist „die ursprüngliche Ausschmückung ... vielfach erneuert und bereichert worden.“[62] Es ging aber nicht um einen stark verändernden Umbau des Hauses, sondern ausschließlich um dessen Renovierung.

Die Renovierung von 1854 blieb weiterhin Zeugnis der Haltung Wilhelms über den Aufwand seiner persönlichen Lebensführung – er wollte nicht über seine Verhältnisse leben. Aus der gleichen Überzeugung hatte Wilhelm augenscheinlich bereits 1841 den Versuch seines Bruders Friedrich Wilhelms IV. abgewehrt, ihm das benachbarte Bibliotheksgrund-

stück mit einer Zweckbestimmung zu übereignen. Anstelle des friderizianischen Gebäudes sollte eine vom architekturbegeisterten Monarchen konzipierte und von seinem Hofarchitekten Ludwig Persius ins Reine gezeichnete Erweiterung des Palais des Prinzen von Preußen vorgenommen werden, wie sie Schinkel – um 1830 vielleicht bereits unter dem Einfluss des damaligen Kronprinzen Friedrich Wilhelm – mehr als ein Jahrzehnt zuvor schon einmal in seinem Eintwurf entwickelt hatte.[63]

Die beginnende Krankheit Friedrich Wilhelms IV.[64] wurde für das königliche Gefolge im Mai 1856 unübersehbar; für die Familienmitglieder mochte sie sich schon seit 1853[65] angedeutet haben – ein Grund für den Prinzen von Preußen, in seiner Funktion als Thronfolger vorsorglich sein Palais für die bevorstehende Zeit als neuer König von Preußen herzurichten. Die innenpolitische Entwicklung der fünfziger Jahre mit ihrer erneuten Stärkung der Dominanz des Adels[66] und mit einem besonderen Verständnis der Rolle des preußischen Königs mochten ihm ein weiterer Anlass gewesen sein. Nach der zeitgenössischen Auffassung von Ernst Ludwig von Gerlach war Preußen „ein junges Königreich, ein Königreich, nicht auf Nationalität, sondern auf tapfere und kluge Könige von seinem ersten Ursprunge an angewiesen. ... Ohne König, mit einem machtlosen Könige, hören wir auf Staat, hören wir auf Nation, hören wir auf Preußen zu sein“[67]. Diese

Noch nachdem Prinz Wilhelm sein Palais Unter den Linden gebaut hatte, beschäftigte sich sein Bruder Friedrich Wilhelm IV. mit großen Erweiterungsplänen. Diesen Plänen wäre nicht nur die königliche Bibliothek zum Opfer gefallen, sondern das ursprüngliche Haus des Bruders wäre zu einer Nebenresidenz verkommen. Es mag sein, dass Friedrich Wilhelm mit solchen Entwurfsvorstellungen bereits die Residenz seines Nachfolgers vorbestimmen wollte, denn ohne eigentlichen Anlass dürfte er ein solches Vorhaben nicht zur Ausarbeitung an Persius gegeben haben.

Aussage beinhaltet neben dem idealisierten Grundverständnis über die Bedeutung des preußischen Herrscheramtes wohl auch eine indirekte Kritik an dem entscheidungsschwachen Friedrich Wilhelm IV.

In den fünfziger Jahren begann sich die Vormachtstellung Preußens gegenüber Österreich herauszubilden. Der Vorrang von Sach- und Machtpolitik setzte sich durch. Alle diese Zeitumstände mögen in der Auffassung Wilhelms die Renovierung des Hauses notwendig gemacht haben. Wie sehr die Gegenwart des Herrscherhauses im Schlossbezirk Unter den Linden gestärkt werden sollte, erhellt nicht nur die Renovierung des künftigen königlichen Palais, sondern ebenso der 1857 zeitlich direkt anschließende Umbau des benachbarten Kronprinzenpalais – ebenfalls durch Strack – zum Wohnsitz des Kronprinzen und dessen Gemahlin Victoria. Mit der Renovierung seines eigenen Palais musste der sparsame Prinz von Preußen 1854 gleichzeitig die Entscheidung über seine Residenz als künftiger König getroffen haben.

Die privat genutzten Räume des Hauses wurden bei der Renovierung nur bedingt verändert, während der Hauptfestsaal des Palais – der Adlersaal – eine vollständig neue Wand- und Deckenbekleidung

Treppenhaus (rechts) und Aufstockung (links) des Kronprinzenpalais durch Johann Heinrich Strack, nachdem das Palais Wilhelms renoviert worden war.

erhielt, ebenso wie weitere, der Repräsentation dienende Räume.

Seit 1851 befand sich das Denkmal Friedrichs II. in der Achse des Palais. Im Inneren des Hauses wurden im September 1856 die drei Viktorien Rauchs im Treppenhaus aufgestellt, die bereits im Januar 1850 an den Bildhauer in Auftrag gegeben worden waren[68]. Womöglich war schon nach der Rückkehr des Prinzen aus dem Londoner Exil als Folge der politischen Unruhen eine Renovierung des Hauses geplant. Die Viktorien, „wovon die Eine als Friedensgöttin neu attribuirt werden muß“[69], konnten sich nur als programmatische Bekundungen des Prinzen auf die jüngsten politischen Ereignisse in seinem Leben bezogen haben, auch wenn bereits 1847 Interesse gegenüber Rauch bekundet worden war, für das Palais Unter den Linden Kopien der Regensburger Viktorien zu bestellen.

Die neuen Räume von 1854

Von Strack wurden neben dem Adlersaal noch einige andere Räume des Palais überarbeitet, vor allem die „untere Vorhalle“, die Waffenhalle, der Durchgangsraum zur Gasse, das Adjutantenzimmer sowie der Kleine Speisesaal. Möglicherweise wurde in Zusammenhang mit diesen Renovierungen auch eine Gasbeleuchtung eingeführt.

Eine der künstlerisch herausragenden Aufgaben für Johann Heinrich Strack war die Umgestaltung des Adlersaals.

Deutlich abweichend von der Klarheit der Langhans'schen klassizistisch geprägten Entwurfshandschrift, erhielt der Adlersaal durch die Umgestaltung Stracks, vermutlich unter Beibehaltung der Abfolge von Pilastervorlagen und Gesimsen der vorhandenen alten Wandgliederung, eine außerordentlich kleinteilig dekorative Bekleidung, die sich mit ihrer Vielfalt und Dichtigkeit und eher dunkleren Farbwirkung vornehmlich auf die Decke und die obere Wandzone erstreckte. Der Reichtum, mit dem die Bedeutung des Saales als dem eigentlichen Festsaal und hoheitlichen Mittelpunkt des Hauses unterstrichen wurde – möglicherweise sollte er im Anspruch mit dem Weißen Saal des Schlosses gleichgestellt werden – unterschied sich in der Entwurfshandschrift kaum von den sonst ebenfalls durch Strack vorgenommenen Veränderungen in anderen Räumen.

Im Waffensaal zeigte das hölzerne Paneel deutlich eine Überformung durch Strack an, wobei auch die Oberwand des Raumes und die Decke neu gefasst wurden. Der Vergleich mit der Decke des Tanzsaals legt die Vermutung nahe, dass der Tanzsaal ebenfalls in seinen bildlich dokumentierten Fassungen eine Folge der Strackschen Modernisierung war.

Ein vergleichbares Paneel wie die Waffenhalle zeigte auch das Adjutantenzimmer sowie das Durchgangs-

zimmer, das mit seiner reich dekorierten Decke dem Adlersaal in nichts nachstand.

Die Decke der „unteren Vorhalle“ belegte mit ihrer Aufteilung in zwei querlängsrechteckige Felder und deren ornamentale Einfassungen ebenso die Handschrift von Strack wie die Decke des Kleinen Speisesaals mit ihrer diagonal gestellten, gemalten Kassettendecke.

In welchem Grade – beispielsweise im Unterschied zum Umbau des Kronprinzenpalais – der persönliche Geschmack des Bauherren mit seiner Neigung zum Altdeutschen des 16. Jahrhunderts zum Tragen gekommen ist, lässt sich nur vermuten. Das Treppenhaus im Kronprinzenpalais war ein an das vorhandene Bauwerk angefügter Neubau, der sich folglich mit seinen Raumproportionen und den Deckenausbildungen anders entwickeln konnte als der Umbau des königlichen Palais. Dass dieses Treppenhaus eine größere gestalterische Freiheit ermöglichte, belegt auch der Vergleich mit den von Strack entworfenen Innenräumen der Alten Nationalgalerie.

In der Entwurfshandschrift des Adlersaales zeigte sich auch das Durchgangszimmer im Erdgeschoss. Es bildete den Verbindungsraum zur Gasse am Niederländischen Palais (oben). Die Waffenhalle mit ihrer Sammlung historischer Waffen des 16. Jahrhunderts wurde nach Ausweis der Paneele sowie der dekorativen Ausmalung der Oberwand und der flachen Deckenkuppel im Zuge der Renovierungsmaßnahmen von 1854 umgestaltet. Entgegen der übersichtlichen Klarheit der ursprünglichen Ausstattung, wie sie das Arbeitszimmer des Prinzen belegte, herrschte bereits der Hang zur dekorativen Vielfalt vor (links).

Der Efeugarten

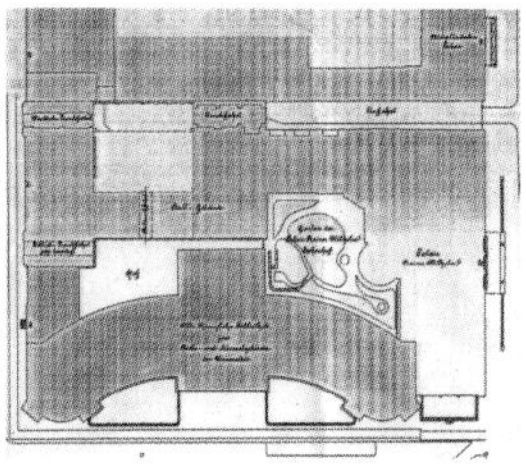

Die Gartenfront des Palais (links). Der Grundriss des Efeugartens (oben).

Der ungemein kleine Garten war in seiner Wegeführung auf drei Zugänge aus dem Palais heraus ausgelegt. Sehr wahrscheinlich einmal aus der Waffenhalle als dem ursprünglichen Gartensalon, zum anderen über eine Quererschließung im Erdgeschoss aus der Gasse am Niederländischen Palais. Über diesen Zugang, der in keiner direkten Verbindung mit dem Palais stand, wird die Pflege des Efeugartens erfolgt sein. Ein weiterer Zugang aus dem Palais war über einen schmalen, neben dem Durchgang zur Gasse angeordneten Korridor möglich. Das geschwungene Wegesystem gestattete kurze Promenaden um die amorphen Gartenparterres herum. Ziel der Spaziergänge war eine im Winkel zwischen dem Treppenhaus und dem nördlichen Flügel der „Kommode“ angeordnete Sitzgelegenheit, von der aus die berankte Hoffront des Palais angeschaut werden konnte. Ein besonderer Blickfang waren zwei kreisrunde Blumenbeete in der Achse der Waffenhalle und unter dem Schlafzimmerfenster des Kaisers.

Die Gartenfront des Palais verriet die Funktionen der hinter den Fensteröffnungen liegenden Räume. Die Verglasung im Obergeschoss umschloss den Wintergarten. Der davor angeordnete Umgang war vermutlich für die Bediensteten der Hofhaltung bestimmt. Im Scheitelpunkt der vortretenden Waffenhalle dürfte die dreigeteilte Öffnung die ursprüngliche Funktion dieses Raumes als Gartenhalle verraten, während die Dreiergruppe der Fenster der Belichtung des Durchganges zur Gasse diente. Nur die Fenster der privaten Räume folgten der üblichen Anordnung.

Der Grundriss des Efeugartens unterschied sich kaum von bürgerlichen Gärten und war in dieser Form wohl das Ergebnis einer Umgestaltung in den fünfziger Jahren.

Das Ende als kaiserliches Palais

Nach dem Tode der Kaiserin 1890 wurde das Palais Unter den Linden als eine Art nationale Wallfahrtsstätte zum Gedenken an den „Heldenkaiser" für öffentliche Besichtigungen zur Verfügung gestellt. An Gedenktagen versammelte sich die kaiserliche Familie im Palais. Kaiserin Augusta hatte noch das kleine Kabinett neben dem Sterbezimmer des Kaisers in eine Kapelle umbauen lassen und so den „Memorialcharakter" des Hauses eingeleitet.

Wahrscheinlich ist das Foto die letzte Abbildung des Palais vor seiner Zerstörung im November 1943 als Folge eines alliierten Bombenangriffs – es entstand am 23. April 1943.

Diese Bedeutung behielt das Palais bis zu seiner Zerstörung im Jahre 1943. Es gehörte weiterhin dem Haus Hohenzollern. Nach 1945 wurde das Anwesen enteignet und der Humboldt-Universität zur Nutzung als Institutsgebäude übergeben. Nachdem das Palais zwanzig Jahre lang als ungeschützte Kriegsruine überdauert hatte, erfolgte 1962 bis 1964 ein Wiederaufbau, der jedoch erheblich in die Substanz des historischen Bauwerks eingriff.

Es mag mit diesem veränderten Wiederaufbau ebenso zusammenhängen wie mit dem Bauherren und seinem Architekten, dass das Haus in der Nachkriegszeit nach 1945 keine größere Beachtung in der Öffentlichkeit fand. Die Benennung als „Altes Palais" mag dazu beigetragen haben, die ursprüngliche Bedeutung zu verschleiern. Langhans wurde – anders als Schinkel, der im Stalinismus als Traditionsgeber für eine „nationale" Baukunst in Anspruch genommen wurde – möglicherweise auch nicht die gebotene Aufmerksamkeit entgegengebracht. Die Annäherung der DDR an die positiven Seiten der deutschen Geschichte kam unter anderem in der Wiedererrichtung des Denkmals Friedrichs II. zum Ausdruck. In der Gegenwart stellt sich hingegen die Frage nach einer realen Wiederentdeckung des Palais Wilhelms I.

Die Künstler

Karl Ferdinand Langhans · Karl Ferdinand Langhans[70] wurde am 14. Januar 1782 in Breslau als Sohn von Karl Gotthard Langhans geboren. Mit der Übersiedlung der Eltern 1787 nach Berlin kam das fünfjährige Kind in die preußische Residenzstadt, durchlief hier seine Ausbildung zum Architekten bei seinem Vater und bei Friedrich Gilly. Er trat seinen Dienst beim Oberhofbauamt unter der Bedingung einer Probezeit am 5. Januar 1797 an und wurde bereits vor deren Ende am 24. März 1797 zum Baukondukteur vereidigt. Von 1799 bis 1800 schloss sich ein Studium an der Bauakademie an, dem noch vor 1806 unter Erlassung der Baumeisterprüfung die Ernennung zum Oberhof-Bauinspektor folgte. Langhans absolvierte seine Ausbildung und seine ersten Berufsstationen mit Auszeichnung. Als Mitarbeiter seines Vaters war er von 1800 bis 1802 am Bau des Nationaltheaters auf dem Gendarmenmarkt tätig. Der 1806 mit der französischen Besetzung auch nach Berlin gelangte Krieg machte Langhans arbeitslos. Eine wohl deshalb angetretene Italienreise verschlug ihn schließlich nach dem Tod des Vaters 1808 nach Breslau, wo er ein Tätigkeitsfeld als Privatarchitekt fand und sich Studien zur Theatertechnik widmete.

Nach dem Brand des Schauspielhauses auf dem Gendarmenmarkt in Berlin lieferte er 1817 in Konkurrenz zu Schinkel einen Entwurf ab, mit dem er sich jedoch nicht durchzusetzen vermochte. In Berlin fand er erst mit dem Bau des Palais für den Prinzen Wilhelm hohe Anerkennung. Zeitgleich setzte er von 1834 bis 1835 die Heilig-Geist-Kapelle in der Spandauer Straße baulich instand; die Kapelle wurde von Langhans zusätzlich „mit neuen Sitzen, neuen Fenstern, neuer Kanzel- und Altarbekleidung, sowie auch mit einer neuen Orgel, die bislang fehlte, versehen.“[71]

Langhans kam jedoch erst mit dem Wiederaufbau des in der Nacht vom 18. zum 19. August 1843 abgebrannten königlichen Opernhauses in Berlin in eine gesicherte Position – jetzt als Theaterarchitekt. Er wurde am 28. Dezember 1844 zum Oberbaurat ernannt und an der königlichen Oper angestellt. Der Ruf als Theaterarchitekt brachte ihm dann außerhalb Berlins eine Reihe von Aufträgen ein. Nach dem Brand waren nur die Umfassungsmauern erhalten geblieben, doch verweigerte der König einen Totalabriss und bestand mit pietätvoller Rücksicht auf den Erbauer des Hauses, Friedrich II., auf Wiederherstellung des äußeren Erscheinungsbildes. Langhans starb am 22. November 1869 in Berlin.

Ludwig Wichmann · Ludwig Wichmann[72], geboren 1788 in Potsdam, trat 1800 in die Werkstatt von Schadow ein. Während der französischen Besetzung Berlins studierte Wichmann von 1809 bis 1813 in Paris bei David und Bosio. Danach war er wieder in Berlin tätig – auch für Schadow –, bis er 1818 als Lehrer der Bossier- und Modellierklasse an der Kunst- und Gewerbeschule angestellt wurde. Nach einem Rom-Aufenthalt von 1819 bis 1821 gründete er mit seinem Bruder Karl Friedrich ein gemeinsames Atelier vornehmlich für das Anfertigen von Porträtbüsten. Seine Beteiligung an den Bildhauerwerken des Kreuzberg-Denkmals, am Bauschmuck der Friedrichwerderschen Kirche und am Alten Museum gingen den Arbeiten für die Fassade des Palais des Prinzen Wilhelm voraus. Hergestellt wurden die Terrakotta-Figuren des Mezzanin in der Werkstatt von Feilner, während die Adler über den Gebäudeecken in der Gießerei von Woderb gegossen wurden.[73]

Johann Heinrich Strack · Der 1805 in Bückeburg geborene Johann Heinrich Strack gehörte nach seinem Studium an der Akademie der Künste und der Bauakademie in Berlin von 1824 bis 1825, die er mit der Prüfung zum Feldmesser abschloss, zum Kreis der Mitarbeiter Schinkels, für den er seit 1825 an Entwurfsarbeiten und bei den Ausbauten der prinzlichen Palais tätig war. In den politisch und wirtschaftlich schwierigen dreißiger Jahren nahm Strack die kaum erfolgreiche Tätigkeit als Privatbaumeister auf und schloss 1837/38 endlich das Studium an der Bauakademie mit der Prüfung zum Baumeister ab. Mit Beginn der vierziger Jahre verbesserten sich seine Lebensumstände entscheidend: 1841 wurde er Professor an der Akademie der Künste und 1842 Bauinspektor im Hofbauamt, wodurch seine Laufbahn in der preußischen Baubürokratie vorgezeichnet war. Nach dem Tode Schinkels wurde er für Christian Daniel Rauch der Berater in Fragen der Ausbildung des Sockels zum Denkmal Friedrichs II. Zur Karriere als Beamter gesellte sich die Lehrtätigkeit als Professor an der Bauakademie, die im gleichen Jahr wie die Renovierung des Palais des Prinzen von Preußen begann. Das Palais Raczynski am Königsplatz (1844–1846), der Wiederaufbau der Petri-Kirche (1846–1853), die Tätigkeit für August Borsig ab 1847 und der Bau des Bierschen Wohnhauses am Leipziger Platz (1852) führten spätestens seit den vierziger Jahren den Nachweis seiner großen baukünstlerischen Befähigungen. Nach den auf die Renovierung des Palais des Prinzen von Preußen folgenden Bauaufgaben wurde Strack in den sechziger Jahren zum „Architekten des Kaisers“. Zu den Hauptwerken Stracks in seinen späten Jahren wurden die Siegessäule, der Umbau des Brandenburger Tors und der Bau der Alten Nationalgalerie auf der Museumsinsel.

Anmerkungen

[1] Erik M. Christensen und Hans-Dietrich Loock (Hg.): Georg Brandes: Berlin als deutsche Reichshauptstadt. Erinnerungen aus den Jahren 1877-1883, Berlin 1989, S. 31. (Wissenschaft und Stadt; Bd. 12).

[2] Kurt Jagow und Johannes Sievers: Das Palais Kaiser Wilhelms I. in Berlin, Berlin 1936, S. 22.

[3] Berlin nebst Potsdam und Umgebungen. Separat-Abdruck aus der 19. Auflage von Baedeker's Nord-Deutschland, Leipzig 1880, S. 16.

[4] F. Bornhak (Hg.): Das Palais Kaiser Wilhelms I. Unter den Linden zu Berlin, Berlin o. J. (1900), o. S.

[5] Udo Scholl: Der Bundesrat in der deutschen Verfassungsentwicklung. Reichsverfassung von 1871 und Grundgesetz, Berlin 19., S. 26. (Schriften zum Öffentlichen Recht, Bd. 407).

[6] Ernst Rudolf Huber: Deutsche Verfassungsgeschichte seit 1789, Bd. 3: Bismarck und das Reich, Stuttgart 1962, S. 812.

[7] Zit. nach Ernst Rudolf Huber: Deutsche Verfassungsgeschichte, S. 823.

[8] Königlich privilegirte Berlinische Zeitung von Staats- und gelehrten Sachen, 16. Mai 1871, S. 2.

[9] Ebd.

[10] Königlich privilegirte Berlinische Zeitung von Staats- und gelehrten Sachen, 13. Mai 1871, S. 3.

[11] Kurt Jagow und Johannes Sievers: Das Palais Kaiser Wilhelms I., S. 5 f.

[12] Eduard Mertens: Ein Kaiserheim. Darstellungen aus dem Palais weiland Seiner Majestät des Kaisers und Königs Wilhelm I. und Ihrer Majestät der Kaiserin und Königin Augustas, Berlin 1890, S. 4.

[13] Eduard Mertens: Ein Kaiserheim, S. 4.

[14] Kurt Jagow und Johannes Sievers: Das Palais Kaiser Wilhelms I., S. 36.

[15] Graf v. Hutten-Czapski: Sechzig Jahre Politik und Gesellschaft, Berlin 1936, zit. nach: Kurt Jagow und Johannes Sievers: Das Palais Kaiser Wilhelms I., S. 33.

[16] Eduard Mertens: Ein Kaiserheim, S. 10.
[17] Anton v. Werner: Erlebnisse und Eindrücke 1870–1890, Berlin 1913, S. 456 f.
[18] Eduard Mertens: Ein Kaiserheim, S. 12.
[19] Kurt Jagow und Johannes Sievers: Das Palais Kaiser Wilhelms I., S. 32.
[20] Königlich privilegirte Berlinische Zeitung No 72, 18. März 1871, S. 3.
[21] Marie v. Bunsen: Die Welt in der ich lebte. Erinnerungen aus glücklichen Jahren 1860-1912, Leipzig 1924, S. 99.
[22] Königlich privilegirte Berlinische Zeitung, 10. Mai 1871, S. 2.
[23] Königlich privilegirte Berlinische Zeitung, 12. Mai 1871, S. 3.
[24] Graf v. Hutten-Czapski: Sechzig Jahre Politik, zit. nach: Kurt Jagow und Johannes Sievers: Das Palais Kaiser Wilhelms I., S. 29.
[25] Königlich privilegirte Berlinische Zeitung No 129, 5. Juni 1878.
[26] Ebd.
[27] Anton v. Werner: Erlebnisse und Eindrücke., S. 528.
[28] Kurt Jagow und Johannes Sievers: Das Palais Kaiser Wilhelms I., S. 20.
[29] Jutta v. Simson: Christian Daniel Rauch. Oeuvre-Katalog, Berlin 1996, S. 299.
[30] Denkmal König Friedrichs des Großen. Enthüllt am 31. Mai 1851, Berlin 1851, S. 15. (Reprint der Originalausgabe von 1851, Leipzig 1987).
[31] Denkmal König Friedrichs des Großen, S. 7.
[32] Denkmal König Friedrichs des Großen, S. 15.
[33] Gedenkbuch zur Feier, zit. nach: Gräfin Malve Rothkirch: Prinz Carl v. Preußen. Kenner und Beschützer des Schönen 1801–1883, Osnabrück 1981, S. 144.
[34] Gedenkbuch zur Feier, zit. nach: Gräfin Malve Rothkirch: Prinz Carl v. Preußen, S. 144.

[35] F. Bornhak (Hg.): Das Palais Kaiser Wilhelms I., S. 4 f.
[36] F. Bornhak (Hg.): Das Palais Kaiser Wilhelms I., S. 5.
[37] F. Bornhak (Hg.): Das Palais Kaiser Wilhelms I., S. 31 f.
[38] Frdl. Mitteilung durch Herrn W. Heegewaldt, Brandenburgisches Landeshauptarchiv Potsdam.
[39] Anna v. Sydow (Hg.): Gabriele v. Bülow, Tochter Wilhelm v. Humboldts. Ein Lebensbild aus den Familienpapieren Wilhelm v. Humboldts und seiner Kinder 1791–1887, Berlin 1926, S. 366.
[40] Paul Seidel: Kaiser Wilhelm der Große als Bauherr seines Palais „Unter den Linden", in: Hohenzollern-Jahrbuch. Forschungen und Abbildungen zur Geschichte der Hohenzollern in Brandenburg. Preußen, 6. Jg., Berlin Leipzig 1902, S. 262.
[41] Paul Seidel: Kaiser Wilhelm der Große als Bauherr, S. 262.
[42] Paul Seidel: Kaiser Wilhelm der Große als Bauherr, S. 263.
[43] Ebd.
[44] Richard Borrmann: Die Bau- und Kunstdenkmäler von Berlin, Berlin 1893, S. 324.
[45] Johannes Sievers: Die Arbeiten von K. F. Schinkel für Prinz Wilhelm, späteren König v. Preußen, Berlin 1955, S. 98. (Karl Friedrich Schinkel – Lebenswerk, hg. v. Paul Ortwin Rave).
[46] Johannes Sievers: Die Arbeiten von K. F. Schinkel für Prinz Wilhelm, S. 97.
[47] S. H. Spiker: Berlin und seine Umgebung im neunzehnten Jahrhundert, Berlin 1833, S. 163.
[48] Johannes Sievers: Die Arbeiten von K. F. Schinkel für Prinz Wilhelm, S. 100 und 102.
[49] Johannes Sievers: Die Arbeiten von K. F. Schinkel für Prinz Wilhelm, S. 100.
[50] Ebd.
[51] S. H. Spiker: Berlin u. seine Umgebung, S. 163.
[52] Heinrich v. Treitschke: Deutsche Geschichte im

Neunzehnten Jahrhundert, T. 4: Bis zum Tode König Friedrich Wilhelms III., Leipzig 1907[5], S. 197.
[53] Ilja Mieck: Von der Reformzeit zur Revolution (1806–1847), in: Wolfgang Ribbe (Hg.): Geschichte Berlins, Bd. 1: Von der Frühgeschichte bis zur Industrialisierung, München 1988[2], S. 528 ff.
[54] Heinrich v. Treitschke: Dt. Geschichte, T. 4, S. 197 f.
[55] Heinrich v. Treitschke: Dt. Geschichte, T. 4, S. 198.
[56] Zit. nach Wolfgang Ribbe: Preußens Weg ins Deutsche Reich 1848–1870, in: Wolfgang Ribbe und Hansjürgen Rosenbauer (Hg.): Preußen. Chronik eines deutschen Staates, Berlin, 2001[2], S. 176.
[57] S. H. Spiker: Berlin u. seine Umgebung, S. 163 f.
[58] Horst Denkler (Hg.): 1848. Adolf Streckfuß. Die März-Revolution in Berlin. Ein Augenzeuge erzählt, Köln 1983, S. 143.
[59] Horst Denkler (Hg.): 1848. Adolf Streckfuß, S. 144 f.
[60] David E. Barclay: Denkmal und Revolutionsfurcht. Friedrich Wilhelm IV. und die Verherrlichung des preußischen Feldzuges in Südwestdeutschland 1849, in: Wolfgang Neugebauer (Hg.): Beiträge der Landesgeschichtlichen Vereinigung zur Tausendjahrfeier der Stadt Potsdam, Berlin 1993, S. 130 ff.
[61] Meyers Konversations-Lexikon, Bd. 17, Leipzig und Wien 1875, S. 758.
[62] Richard Borrmann: Die Bau- und Kunstdenkmäler von Berlin, S. 324.
[63] Johannes Sievers: Die Arbeiten von K. F. Schinkel für Prinz Wilhelm, S. 140 ff.
[64] Friedrich Vogel: Die Krankheit Friedrich Wilhelms IV. nach dem Bericht seines Flügeladjutanten, in: Otto Büsch (Hg.): Friedrich Wilhelm IV. in seiner Zeit. Beiträge eines Colloquiums, Berlin 1987, S. 256 ff. (Einzelveröffentlichungen der Historischen Kommission zu Berlin, Bd. 62).
[65] David E. Barclay: Anarchie und guter Wille. Frie-

drich Wilhelm IV. und die preußische Monarchie, Berlin 1995, S. 389.

[66] Theodor Schieder: Vom Deutschen Bund zum Deutschen Reich, München 1981[6], S. 113 ff. (Gebhardt: Handbuch der deutschen Geschichte, Bd. 15).

[67] Zit. nach Hans-Christof Kraus: Das preußische Königtum und Friedrich Wilhelm IV. aus der Sicht Ernst Ludwig v. Gerlachs, in: Otto Büsch (Hg.): Friedrich Wilhelm IV., S. 55.

[68] Jutta v. Simson: Christian Daniel Rauch., S. 335 f.

[69] Rauch an Rietschel, zit. nach Jutta v. Simson: Christian Daniel Rauch, S. 336.

[70] Uwe Kieling: Berliner Baubeamte und Staatsarchitekten im 19. Jahrhundert. Biographisches Lexikon, Berlin 1986, S. 55 f. (Miniaturen zur Geschichte, Kultur und Denkmalpflege Berlins, Nr. 17).

[71] Richard Borrmann: Die Bau- und Kunstdenkmäler von Berlin mit einer geschichtlichen Einleitung von P. Clauswitz, Berlin 1893, S. 177.

[72] Peter Bloch und Waldemar Grzimek: Die Berliner Bildhauerschule im neunzehnten Jahrhundert, Frankfurt am Main Berlin Wien 1978, S. 56 f.

[73] S. H. Spiker: Berlin und seine Umgebung, S. 163.

Literaturverzeichnis

Barclay, David E.: Denkmal und Revolutionsfurcht. Friedrich Wilhelm IV. und die Verherrlichung des preußischen Feldzuges in Südwestdeutschland 1849, in: Wolfgang Neugebauer (Hg.): Beiträge der Landesgeschichtlichen Vereinigung zur Tausendjahrfeier der Stadt Potsdam, Berlin 1993.

Barclay, David E.: Anarchie und guter Wille. Friedrich Wilhelm IV. und die preußische Monarchie, Berlin 1995.

Berlin nebst Potsdam und Umgebungen. Separat-Abdruck aus der 19. Auflage von Baedeker's Nord-Deutschland, Leipzig 1880.

Bloch, Peter und Grzimek, Waldemar: Die Berliner Bildhauerschule im neunzehnten Jahrhundert, Frankfurt am Main Berlin Wien 1978.

Bornhak, Friederike (Hg.): Das Palais Kaiser Wilhelms I. Unter den Linden zu Berlin, Berlin o. J. (1900).

Borrmann, Richard: Die Bau- und Kunstdenkmäler von Berlin, Berlin 1893.

Bunsen, Marie v.: Die Welt in der ich lebte. Erinnerungen aus glücklichen Jahren 1860-1912, Leipzig 1924.

Christensen, Erik M. und Loock, Hans-Dietrich (Hg.): Georg Brandes – Berlin als deutsche Reichshauptstadt. Erinnerungen aus den Jahren 1877-1883, Berlin 1989 (Wissenschaft und Stadt; Bd. 12).

Denkler, Horst (Hg.): 1848. Adolf Streckfuß. Die März-Revolution in Berlin. Ein Augenzeuge erzählt, Köln 1983.

Denkmal König Friedrichs des Großen. Enthüllt am 31. Mai 1851, Berlin 1851 (Reprint der Originalausgabe von 1851, Leipzig 1987).

Engel, Helmut: „Von deren sorgfältiger Pflege das Vaterland Aufschwung und vermehrtes Ansehen in friedlicher Entwicklung auch fernerhin zu erwarten hat“, in: Helden ohne Degen. Der Schinkelplatz in Berlin, Tübingen Berlin 2000.

Engelberg, Ernst: Bismarck. Urpreuße und Reichsgründer, Berlin 1989[5].
Huber, Ernst Rudolf: Dt. Verfassungsgeschichte seit 1789, Bd. 3: Bismarck und das Reich, Stuttgart 1962.
Graf v. Hutten-Czapski: Sechzig Jahre Politik und Gesellschaft, Berlin 1936.
Jagow, Kurt und Sievers, Johannes: Das Palais Kaiser Wilhelms I. in Berlin, Berlin 1936.
Kemper, Thomas: Zur Geschichte des ehemaligen Palais Kaiser Wilhelms I. Unter den Linden, in: MD Berlin (Hg.): MuseumsJournal Nr. 11, 16. Jg., Berlin 2003, S. 8 ff.
Kieling, Uwe: Berliner Baubeamte und Staatsarchitekten im 19. Jahrhundert. Biographisches Lexikon, Berlin 1986, S. 55 f. (Miniaturen zur Geschichte, Kultur und Denkmalpflege Berlins, Nr. 17).
Kraus, Hans-Christof: Das preußische Königtum und Friedrich Wilhelm IV. aus der Sicht Ernst Ludwig v. Gerlachs, in: Otto Büsch (Hg.): Friedrich Wilhelm IV. in seiner Zeit. Beiträge eines Colloquiums, Berlin 1987 (Einzelveröffentlichungen der Historischen Kommission zu Berlin, Bd. 62).
Laforgue, Jules: Berlin. Der Hof und die Stadt, Frankfurt am Main 1970.
v. Ledebur, Leopold; Streifzüge durch die Felder des königlichen Preußischen Wappens, Berlin 1842.
Mertens, Eduard: Ein Kaiserheim. Darstellungen aus dem Palais weiland Seiner Majestät des Kaisers und Königs Wilhelm I. und Ihrer Majestät der Kaiserin und Königin Augustas, Berlin 1890.
Mieck, Ilja: Von der Reformzeit zur Revolution (1806–1847), in: Wolfgang Ribbe (Hg.): Geschichte Berlins, Bd. 1: Von der Frühgeschichte bis zur Industrialisierung, München 1988[2].
Ribbe, Wolfgang: Preußens Weg ins Deutsche Reich 1848–1870, in: Wolfgang Ribbe und Hansjürgen Rosenbauer (Hg.): Preußen. Chronik eines deutschen Staates, Berlin, 2001.

Gräfin Rothkirch, Malve: Prinz Carl v. Preußen. Kenner u. Beschützer des Schönen 1801-1883, Osnabrück 1981.
Schieder, Theodor: Vom Deutschen Bund zum Deutschen Reich, München 1981[6] (Gebhardt: Handbuch der deutschen Geschichte, Bd. 15).
Scholl, Udo: Der Bundesrat in der deutschen Verfassungsentwicklung. Reichsverfassung von 1871 und Grundgesetz, Berlin 1958 (Schriften zum Öffentlichen Recht, Bd. 407).
Seidel, Paul: Kaiser Wilhelm der Große als Bauherr seines Palais „Unter den Linden", in: Hohenzollern-Jahrbuch. Forschungen und Abbildungen zur Geschichte der Hohenzollern in Brandenburg. Preußen, 6. Jg., Berlin Leipzig 1902.
Sievers, Johannes: Die Arbeiten von K. F. Schinkel für Prinz Wilhelm, späteren König v. Preußen, Berlin 1955 (Karl Friedrich Schinkel – Lebenswerk, hg. von Paul Ortwin Rave).
v. Simson, Jutta: Christian Daniel Rauch. Oeuvre-Katalog, Berlin 1996.
Spiker, S. H.: Berlin und seine Umgebung im neunzehnten Jahrhundert, Berlin 1833.
v. Sydow, Anna (Hg.): Gabriele v. Bülow, Tochter Wilhelm v. Humboldts. Ein Lebensbild aus den Familienpapieren Wilhelm v. Humboldts und seiner Kinder 1791-1887, Berlin 1926.
v. Treitschke, Heinrich: Deutsche Geschichte im Neunzehnten Jahrhundert, T. 4: Bis zum Tode König Friedrich Wilhelms III., Leipzig 1907.
Vogel, Friedrich: Die Krankheit Friedrich Wilhelms IV. nach dem Bericht seines Flügeladjutanten, in: Otto Büsch (Hg.): Friedrich Wilhelm IV. in seiner Zeit. Beiträge eines Colloquiums, Berlin 1987 (Einzelveröffentlichungen der Historischen Kommission zu Berlin, Bd. 62).
v. Werner, Anton: Erlebnisse und Eindrücke 1870–1890, Berlin 1913.

Abbildungsnachweis

Archiv Hentschel-Oestreich (16, 60) Bartmann, D. (Hg.): Anton von Werner – Geschichte in Bildern, Berlin 1993 (34, 41, 82 o.) Ders. (Hg.): Eduard Gaertner – 1801-1877, Berlin 2001 (80) Berckenhagen, E./Wagner, G.: Der bunte Rock in Preußen, Berlin 1981 (49 o.) Brandes, G.: Berlin als deutsche Reichshauptstadt, Berlin 1989 (7) Büro für Architektur und Baugeschichte: Denkmalpflegerisches Gutachten Altes Palais, Berlin 1994 (77) Denkler, H./ Streckfuß, A.: Die März-Revolution in Berlin, Köln 1983 (86) Engelberg, E.: Bismarck – Urpreuße und Reichsgründer, Berlin 1989 (12) Galerie Pels-Leusden: Kunst und Kunsthandwerk in Preußen, Berlin 1989 (13) Geheimes Staatsarchiv Preußischer Kulturbesitz: Via Regia, Berlin 1998 (72 u.) Heinrich, G.: Geschichte Preußens – Staat und Dynastie, Frankfurt Berlin Wien 1981 (71, 73) Hildebrandt, D./Klünner, H.-W./ Hansen, J.: Unter den Linden – Fotografien, Berlin 1991 (90, 91, 96) Institut für Marxismus-Leninismus beim ZK der SED: Illustrierte Geschichte der deutschen Novemberrevolution 1918/1919, Berlin 1978 (84) Katalog Unter den Linden (79 u.) Krieger, B.: Das Palais des alten Kaisers, Braunschweig 1990 (18 o., 23 u., 38, 54, 72 o., 82 u., 83) Landesarchiv – Kartenabteilung (97) Landesbildstelle (59, 76, 98) v. Ledebur, L.: Streifzüge durch die Felder des königlich Preußischen Wappens, Berlin 1842 (58) Lemmer, K. J.: Berlin vor hundert Jahren, Berlin 1975 (39 o., 40) ders.: Berlin zur Kaiserzeit, Berlin 1978 (39 u., 42) de Maizière, L./Jammers, A.: Bevor Berlin zur Weltstadt wurde, Berlin 2001 (46, 50, 68, 69, 74) Mertens, E.: Ein Kaiserheim, Berlin 1890 (17, 18, 19-23 o., 24-26 l., 28-31, 52, 55-57, 65, 92-95) Möller, H.-H./Dehio, L.: Friedrich Wilhelm IV. von Preußen – ein Baukünstler der Romantik, München Berlin 1961 (89) Nationalgalerie Berlin: Preußische Bildnisse des 19. Jahrhunderts (36) Pfefferkorn, R.: Von Schadow bis Gärtner, Berlin 1980 (37) Plessen, M. L./Spoerri, D.: Le musée sentimental de Prusse, Berlin 1981 (70) Preußische Nachrichten, März 2003 (9) Schinkel, K. F.: Berlin – Bauten und Entwürfe, Berlin 1973 (78 o., 79 o.) Seidel, P. (Hg.): Hohenzollern-Jahrbuch. Forschungen und Abbildungen zur Geschichte der Hohenzollern in Brandenburg-Preußen, Berlin Leipzig 1897-1917 (6, 10, 15, 27, 32, 33, 49 u.) Sievers, J.: Schinkel – Lebenswerk, Berlin 1955 (26 r., 64, 78 m., 78 u.) Verlag J. Schacht, Kalender, Dezember 2001 (14) v. Werner, A.: Lebenserinnerungen (35) Werner-Rades, E. F.: Reichshauptstadt Berlin, Berlin 1943 (8)